Volker Ulm

Mathematikunterricht für individuelle Lernwege öffnen

Sekundarstufe

Klett | Kallmeyer

Bibliografische Information der Deutschen Bibliothek:
Die Deutsche Bibliothek verzeichnet diese Publikation in der Deutschen Nationalbibliografie;
detaillierte bibliografische Daten sind im Internet unter http://dnb.ddb.de abrufbar.

Impressum

Volker Ulm
Mathematikunterricht für individuelle Lernwege öffnen
Sekundarstufe

Die vorliegende Veröffentlichung wurde im Zusammenhang mit SINUS-Transfer, BLK-Programm zur Steigerung der Effizienz des mathematisch-naturwissenschaftlichen Unterrichts, erstellt. Das Programm wird durch das Bundesministerium für Bildung und Forschung und die Kultusminister der Länder in der Bundesrepublik Deutschland gefördert.

Erhard Friedrich Verlag GmbH
D-30926 Seelze-Velber
3. Auflage 2008

Realisation: Friedrich Medien-Gestaltung
Druck: Aalexx Druck, Großburgwedel. Printed in Germany
ISBN 978-3-7800-4939-1

Inhaltsverzeichnis

Einleitung: Arbeiten mit diesem Buch

Der Schüler ist reif,
wenn er so viel gelernt hat,
dass er für sich selbst zu lernen
imstande ist.
(W. v. Humboldt)

Wozu dieses Buch?

Dieses Buch wendet sich an Sie, an Mathematiklehrkräfte aller Schularten, die in der Sekundarstufe unterrichten. Es bietet Ihnen vielfältige Anstöße zum Nachdenken über Mathematikunterricht, stellt Ideen und Konzepte für die alltägliche Unterrichtspraxis vor und gibt Ihnen darüber hinaus zahlreiche praxiserprobte Aufgaben und Materialien für Schüler an die Hand, die Sie direkt im Unterricht einsetzen können.
Sie können sich mit dem Buch allein befassen, eine größere Wirkung entfaltet Ihre Arbeit allerdings, wenn sie in einen schulinternen Diskussions- und Entwicklungsprozess eingebunden ist. Das Fachkollegium der Mathematiklehrkräfte einer Schule bildet eine ideale Gruppe, um über den Mathematikunterricht an der eigenen Schule nachzudenken und zu diskutieren. Ausgehend von der gemeinsamen Basis an alltäglichen Unterrichtserfahrungen können im kollegialen Gedankenaustausch Problemfelder des Mathematikunterrichts analysiert und konkrete Wege zur Weiterentwicklung des Arbeitens in der Schule entworfen werden. Das vorliegende Buch möchte Sie dabei unterstützen und begleiten. Veränderungsprozesse an einer Schule sind nicht kurzfristig zu erreichen und sie können nicht von Einzelkämpfern wirkungsvoll in Gang gesetzt werden. Vielmehr ist ein Zusammenwirken möglichst aller Kräfte eines Fachkollegiums über einen längeren Zeitraum hinweg vonnöten, um gewonnene Ideen auf breiter Basis in der Schule nachhaltig wirksam werden zu lassen. In diesem Sinne stellt ein Arbeiten mit diesem Buch im Fachkollegium unterrichtsbezogene Schulentwicklung in ihrer besten Form dar.

Inhaltliche Schwerpunkte

Ausgangspunkt und Triebfeder für die Entstehung diese Buches waren die beiden Fragen:
- Wie können Schüler ein mathematisches Verständnis entwickeln, das ihnen kreatives und flexibles Umgehen mit Mathematik ermöglicht?
- Wie können sie ein tragfähiges, vernetztes Wissensfundament aufbauen, das in variablen Kontexten aktiv zum Problemlösen genutzt werden kann?

Im Mittelpunkt steht also das Lernen der Schüler im Mathematikunterricht. Die im Folgenden entwickelten und diskutierten Antworten auf beide Fragen ordnen sich ein unter die Leitidee, die Schüler *eigene Lernwege gehen* zu lassen. Die einzelnen Kapitel beleuchten dabei den Mathematikunterricht aus verschiedenen Perspektiven:

- In den Kapiteln 1 und 2 wird nach einer Bestandsaufnahme der Blick auf methodische Unterrichtskonzepte gerichtet, die Schülern Freiräume für ein Lernen auf eigenen Wegen schaffen.
- Die Kapitel 3 und 4 zeigen, dass offene Aufgaben eine tragfähige Basis und Lernzirkel oder Unterrichtsprojekte einen geeigneten Rahmen bilden, um selbstständiges, eigenverantwortliches, aber auch kooperatives Arbeiten der Schüler wirkungsvoll zu fördern.
- In den Kapiteln 5 und 6 widmen wir uns dem Themenkomplex „Grundwissen sichern – Wissen vernetzen". Er werden Konzepte vorgestellt und diskutiert, mit denen Schüler auf eigenen Lernwegen im Lauf ihrer Schulzeit ein vernetztes, flexibel nutzbares mathematisches Wissen aufbauen können.
- Die Kapitel 7 und 8 zeigen anhand vielfältiger Unterrichtssituationen, wie der Computer Schülern beim Gehen eigener Lernwege als Arbeitsmedium dienen kann. Dynamische Mathematik bietet vielfältige Möglichkeiten für experimentelles Entdecken und Erforschen mathematischer Zusammenhänge.

Schulinterne Fortbildungsveranstaltungen

Wie kann Sie dieses Buch bei Prozessen der inneren Schulentwicklung konkret unterstützen? Es bietet sich an, im Fachkollegium Mathematik eine Fortbildungsreihe zu gestalten, die sich den Thematiken der einzelnen Kapitel widmet. Das Buch bietet Ihnen eine Fülle von Anregungen, um im Fachkollegium Ihrer Schule ins Gespräch über Mathematikunterricht zu kommen und gemeinsam Wege zur Weiterentwicklung des Lehrens und Lernens im Fach Mathematik einzuschlagen.
Die beiden folgenden Schemata geben als Anhaltspunkte Vorschläge, wie Sie die Initiative organisieren und inhaltlich strukturieren können. Wenn Sie sechs zweistündige Veranstaltungen durchführen möchten, ist folgende thematische Gliederung sinnvoll:

Mathematikunterricht für individuelle Lernwege öffnen
(sechs zweistündige Veranstaltungen)

	Thema der Veranstaltung	**Grundlage im Buch**
1.	Eigenverantwortliches Arbeiten – offene Aufgaben	Abschnitte 1.1–3.3
2.	Offene Aufgaben – Lernzirkel – Projekte	Abschnitte 3.4–4.2
3.	Grundwissen sichern	Kapitel 5
4.	Wissen vernetzen	Kapitel 6
5.	Konstruieren mit dynamischer Mathematik	Kapitel 7
6.	Dynamische Arbeitsblätter	Kapitel 8

Möchten Sie das Arbeiten stärker komprimieren, können sich drei dreistündige Veranstaltungen als zweckmäßig erweisen:

Mathematikunterricht für individuelle Lernwege öffnen
(drei dreistündige Veranstaltungen)

	Thema der Veranstaltung	Grundlage im Buch
1.	Eigenverantwortliches Arbeiten – offene Aufgaben	Kapitel 1–3
2.	Grundwissen sichern – Wissen vernetzen	Kapitel 5, 6
3.	Dynamische Mathematik	Kapitel 7, Ausblick auf Kapitel 8

Die einzelnen Veranstaltungen sollten einen gewissen zeitlichen Abstand voneinander besitzen, damit Sie genügend Gelegenheit haben, zwischen den Sitzungen die diskutierten Ideen in Ihrem eigenen Unterricht auszuprobieren, um die dabei gewonnenen Erfahrungen wieder in den gemeinsamen Schulentwicklungsprozess einfließen lassen zu können. Es bietet sich an, nach etwa einem halben Jahr ein weiteres Treffen durchzuführen, bei dem Zwischenbilanz gezogen wird, bei dem eigene, erprobte Unterrichtskonzepte vorgestellt und diskutiert werden und bei dem natürlich auch erarbeitete Materialien ausgetauscht werden (sofern dies nicht sowieso regelmäßig im Fachkollegium geschieht).
Natürlich sind diese Hinweise zur Strukturierung des Arbeitens nur unverbindliche Vorschläge, die den jeweiligen schulischen Rahmenbedingungen angepasst werden müssen. Es sind aber auch Vorschläge, die sich bereits vielfach in der Praxis bewährt haben.

Praktische Realisierung der Veranstaltungen

Jede Diskussion in größerer Runde ohne einen Diskussionsleiter läuft Gefahr zu scheitern. Deshalb sollten sich für die schulinternen Fortbildungen Kollegen bereit erklären, die Sitzungen zu leiten. (Diese Aufgabe muss bzw. sollte nicht nur ein Einziger übernehmen!) Die Veranstaltungsleiter bereiten die Treffen inhaltlich vor, stellen die zu Grunde liegenden Ideen und Materialien vor und moderieren das Gespräch. Als Hilfen befinden sich hierzu auf der beigefügten CD zahlreiche Vorlagen für Overheadfolien.
Im Idealfall verfügen auch alle weiteren Kollegen der Fachschaft über dieses Arbeitsbuch und bereiten sich anhand der Unterlagen auf die jeweilige Veranstaltung vor. Dadurch können sie sich bereits im Vorfeld Gedanken zur Thematik machen, Anknüpfungspunkte zu ihrer eigenen Unterrichtserfahrung herstellen und ggf. eigene Unterrichtskonzepte und -materialien bei der Veranstaltung vorstellen.

Schulübergreifender Gedankenaustausch: Netzwerkbildung

Die Arbeit zur Weiterentwicklung des Mathematikunterrichts kann eine neue Qualität erhalten, wenn die schulinternen Aktivitäten in ein schulübergreifendes Netzwerk eingebettet werden. Der Austausch von Gedanken, Erfahrungen und Materialien mit Kollegen anderer Schulen und Schularten kann nicht nur das eigene Blickfeld weiten, sondern auch die gesamte Unterrichtsentwicklungsarbeit befruchten.
In der Regel sind die Problemfelder in verschiedenen Schulen ähnlicher Natur. Die Schulen können sich gegenseitig unterstützen, darüber beraten, wie entstehende Probleme angegangen werden können, bzw. berichten, welche Maßnahmen sich bereits in der Praxis bewährt haben.
Gehen Sie mit Ihrem Fachkollegium offen auf andere Kollegien zu. Beispielsweise bietet das BLK-Programm „SINUS-Transfer“ hierzu in organisatorischer Hinsicht einen geeigneten Rahmen.

Basis: SINUS
Viele der in diesem Buch vorgestellten Ideen, Materialien und Beispiele stammen aus dem BLK-Modellversuch „Steigerung der Effizienz des mathematisch-naturwissenschaftlichen Unterrichts“ (SINUS), der von 1998 bis 2003 andauerte und in dem sich bundesweit 180 Schulen aufgemacht haben, neue Wege des Lehrens und Lernens im mathematisch-naturwissenschaftlichen Unterricht zu entwickeln und zu erproben. Von der Arbeit und den Erfahrungen dieser Schulen können wir im Folgenden profitieren.

1. Standortbestimmung

In diesem einleitenden ersten Kapitel wird der Blick zunächst auf die Problembereiche des Mathematikunterrichts gerichtet, denen sich das vorliegende Buch widmen möchte. Sie können dadurch Anstöße zum Nachdenken über das Fach Mathematik und Impulse für gemeinsame Diskussionen im Fachkollegium Ihrer Schule gewinnen.

1.1 Zum Einstieg: Zwei Aufgaben aus Leistungsstudien

Die Leistungsstudien der vergangenen Jahre (TIMSS, PISA, ...) haben den Bereich Schule und Bildung wie selten zuvor in die Schlagzeilen der Presse und die öffentliche Diskussion gebracht, ja sogar das Thema „Bildung" zu einem Dauerwahlkampfthema gemacht.
Die Studien versuchen, das deutsche Schulsystem zu durchleuchten, und zeigen – ebenso wie die täglichen Erfahrungen in der Unterrichtspraxis –, dass der Mathematikunterricht oft nicht zu den Wirkungen führt, die man sich erhofft bzw. wünscht. Es mangelt Schülern etwa an Grundwissen und mathematischem Grundverständnis, an Problemlösekompetenzen oder an Eigenständigkeit beim Arbeiten.
Betrachten wir zum Einstieg exemplarisch zwei Aufgaben, die typisch für Leistungsstudien sind. Sie stammen aus der Erhebung PISA 2000, die sich an Fünfzehnjährige wandte (vgl. Deutsches PISA-Konsortium 2001, OECD o. J.):

Glasfabrik

Eine Glasfabrik stellt am Tag 8000 Flaschen her.
2 % der Flaschen haben Fehler. Wie viele sind das?

❑ 16 Flaschen ❑ 80 Flaschen ❑ 400 Flaschen
❑ 40 Flaschen ❑ 160 Flaschen

Fläche eines Kontinents

Hier siehst du eine Karte der Antarktis.
Schätze die Fläche der Antarktis, indem du den Maßstab der Karte benutzt.
Schreibe deine Rechnung auf und erkläre, wie du zu deiner Schätzung gekommen bist.

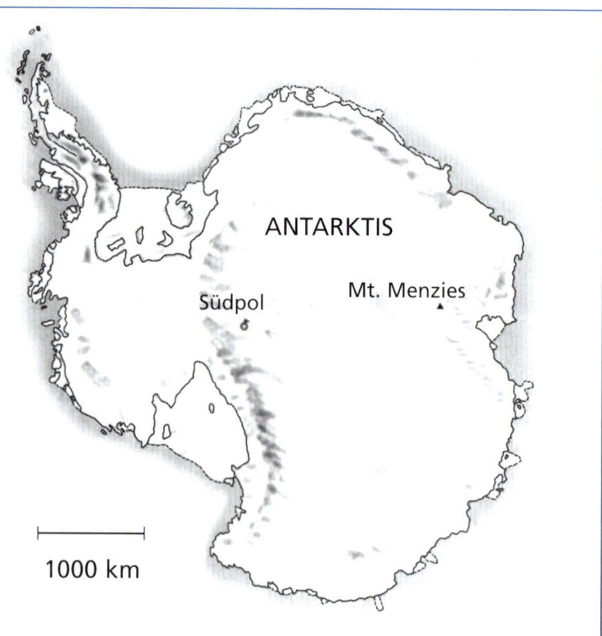

Machen wir uns klar, was hier getestet wird: Bei der ersten Aufgabe wird Grundwissen abgefragt. Bei der zweiten sind die Schüler gefordert, ein ungewohntes Problem mit Mut anzupacken. Sie haben keine Formel für die Fläche der Antarktis, sondern müssen mit ihrem Grundverständnis für Flächeninhalte und dem ihnen zur Verfügung stehenden mathematischen „Handwerkszeug" einen individuellen Lösungsweg entwickeln.
Diese Tests setzen sich ausdrücklich nicht das Ziel, altersgemäße Lehrplaninhalte abzuprüfen (so wie das bei den Leistungserhebungen in der Schule der Fall ist). Vielmehr gehen sie davon aus, dass die Schüler durch ihre langjährige Mathematikausbildung über ein gewisses Maß an mathematischer Grundbildung verfügen sollten, das sie aktiv zu nutzen vermögen.
Und hierin liegt die Diskrepanz zum gängigen deutschen Mathematikunterricht: Es werden Dinge geprüft, die die Schüler so nicht gelernt haben! Natürlich wurden alle Inhalte im Unterricht irgendwann behandelt. Allerdings haben die Schüler nicht gelernt, fundamentale Inhalte jederzeit parat zu haben sowie Probleme, die in ungewohnt erscheinende Kontexte eingebunden sind, mit mathematischem Grundverständnis und problemlösendem Denken zu bearbeiten. Daher sind die Testresultate eigentlich keine umwerfenden Erkenntnisse.

Diskutieren Sie im Fachkollegium über die These: „Die Schüler haben nicht gelernt, über fundamentale Inhalte jederzeit zu verfügen sowie zunächst ungewohnt erscheinende Probleme mit Mut anzupacken."
Was empfinden Sie in Ihrem Unterricht als nicht zufriedenstellend?

1.2 Die Schieflage des Mathematikunterrichts

Dominanz des fragend-entwickelnden Unterrichtsgesprächs

Etwas pauschal, im Kern aber doch treffend, lässt sich feststellen, dass im deutschen Mathematikunterricht das kleinschrittige, fragend-entwickelnde Unterrichtsgespräch dominiert. Natürlich gibt es mittlerweile viele positive Ansätze zur Weiterentwicklung des Mathematikunterrichts – wie die BLK-Programme SINUS und SINUS-Transfer oder Initiativen in einzelnen Bundesländern. Allerdings haben es diese Maßnahmen noch nicht geschafft, in der Breite wirksam zu werden.

In der Regel geht im Mathematikunterricht der Lehrer Schritt für Schritt vor, die Schüler gehen (bestenfalls) Schritt für Schritt nach. Im gängigen „Frage-Antwort-Spiel" werden regelmäßig anspruchsvolle und komplexe Problemstellungen in knappe Fragen und primitive Antworten portioniert und häppchenweise den Schülern serviert. Die Schüler werden zeitökonomisch zum Unterrichtsziel hin geführt, der Stoff wird stromlinienförmig präsentiert, Klippen und Irrwege werden unter Führung des Lehrers sicher umschifft.

In manchen Situationen mag ein derartiger Unterrichtsstil Berechtigung besitzen und eine effektive Form des Lehrens darstellen. Problematisch ist es allerdings, wenn er den Mathematikunterricht generell dominiert, wenn die Schüler stets eng geführt werden, nur annehmen und nachmachen müssen, was man ihnen vormacht. Dies schränkt die Eigenständigkeit und die geistige Beweglichkeit der Schüler ein und behindert einen effektiven, individuellen Aufbau von vernetztem Wissen.

Auf Schülerseite führt es zudem allmählich zu Bequemlichkeit und Trägheit (denn der Lehrer macht ja im Zweifelsfall alles) sowie zu Unselbstständigkeit und Hilflosigkeit bei ungewohnten oder größeren Problemen. („Das haben wir noch nicht gehabt!", „Kann ich nicht.")

Segmentierung

Begleitet und gefördert wird der beschriebene, eng führende Unterrichtsstil durch eine starke Segmentierung der Inhalte. Ein Stoffgebiet nach dem anderen, ein Lehrbuchkapitel nach dem anderen wird sorgfältig erarbeitet, gewissenhaft eingeübt, abgeprüft – und gerät dann wieder in Vergessenheit.

Es entstehen bei den Schülern zeitweise Wissensinseln, die in der Regel den Stoff von maximal zwei Monaten umfassen. Nur den wenigsten Schülern gelingt es, in den vielen Jahren Mathematikunterricht ein solides, gut organisiertes Wissensfundament aufzubauen und ein mathematisches Grundverständnis zu entwickeln, das zu problemlösendem Anwenden mathematischer Konzepte in variablen Kontexten befähigt. Für viele bleibt Mathematik die Manipulation wenig verstandener Formeln und das Hantieren mit oberflächlich eingeprägten Fakten. Dazu in den Kapitel 5 und 6 mehr.

Unterrichtstradition

Es wäre falsch und ungerecht, hierfür jemandem Vorwürfe zu machen. Diese Situation hat sich in der deutschen Unterrichtstradition so herausgebildet und wurde durch die schulischen Rahmenbedingungen und curricularen Strukturen unterstützt. Lehrer wie Schüler haben sich in ihrer Arbeitsweise *darauf eingestellt*.

In diesem Sinne sind die aktuellen Leistungsstudien auch nicht als Anlass zur Kritik an Lehrern oder Schülern zu sehen – es werden Bildungssysteme untersucht und hinsichtlich ihrer Effizienz bewertet, indem gefragt wird: Was haben die Bildungssysteme Schülern an verwertbaren mathematischen Fähigkeiten beigebracht?

Zwei fundamentale Fragen

Als Folge wird von vielen Seiten gefordert: Schule muss sich weiterentwickeln, wir brauchen Schulentwicklung. Allerdings stellen sich die beiden fundamentalen Fragen

- „*Wohin wollen wir?*" und
- „*Wie können wir das, was wir wollen, erreichen?*".

Die Frage nach dem „Wie" wird sicher schwierig zu beantworten sein. Sie wird immerhin den Hauptteil der Arbeit mit diesem Buch ausmachen. Zunächst mag es aber sinnvoll sein, sich über die Frage nach dem „Wohin" Gedanken zu machen:

> Welche übergeordneten Ziele steuern wir mit dem Mathematikunterricht an, was wollen wir langfristig bei unseren Schülern erreichen?
> Diskutieren Sie hierüber in Ihrem Fachkollegium!

Wir werden auf diese Zielfrage später nochmals zurückkommen (vgl. Postskript).

2. Unterrichtsmethodik auf dem Prüfstand

In diesem Kapitel richten wir unseren Blick auf Unterrichtsmethodik. Eine „typische" Unterrichtssituation wird uns vor Augen führen, worin methodische Probleme des Mathematikunterrichts liegen können. Wir werden Wege diskutieren, wie sich das Lernen in ganz natürlicher Weise organisieren lässt, um individuellen Lernprozessen genügend Freiraum zu geben.

Das einleitende erste Kapitel hat uns auf die fundamentale Frage geführt: Wie kann der Mathematikunterricht auf die festgestellten Defizite reagieren, wie kann er die angestrebten Ziele erreichen?

Der Bereich Schule und das Phänomen des Lernens sind so komplex, dass es dazu (leider) kein Patentrezept geben kann. Einen Weg weist uns folgender Appell des amerikanischen Mathematikers Paul Halmos:

> *The best way to learn is to do – to ask, and to do.*
> *The best way to teach is to make students ask, and do.*
> *Don't preach facts – stimulate acts.*

Damit sind wir bei der zentralen Thematik dieses Buches. Es kommt auf selbstständiges, eigenverantwortliches Arbeiten der Schüler an: Eigene Lernwege im Mathematikunterricht gehen.

2.1 Eigenverantwortliches Arbeiten

Dahinter steht der Gedanke, dass Lernen ein zutiefst individueller Prozess ist, ein aktiver Konstruktionsprozess. Er ist von außen nur bedingt steuerbar. Die eigentlichen Lernprozesse laufen im Inneren jedes Einzelnen ab, indem dieser sein eigenes, persönliches Denk-Netz knüpft. Jeder muss sein Wissen und sein Verständnis selbst generieren, ein Gerät wie den Nürnberger Trichter, mit dem man Wissen in Köpfe füllen kann, gibt es nicht.

Wenn wir Lernen also nicht für einen passiven Vorgang halten, sondern als eine Aktivität verstehen, müssen wir über die Rahmenbedingungen nachdenken, unter denen diese Aktivität und die damit verbundenen Vorgänge im Gehirn am besten stattfinden können (vgl. Spitzer 2003).

Etwas überzeichnet kann man das gängige Bild von Mathematikunterricht so beschreiben: Der Lehrer plant und organisiert, er erklärt, fragt und korrigiert, er strukturiert und visualisiert, er problematisiert und löst Probleme, er übernimmt Verantwortung – und wird für alles verantwortlich gemacht. Als Unterrichtsmethode hat sich dabei das kleinschrittige, fragend-entwickelnde Unterrichtsgespräch etabliert, wie wir es in Abschnitt 1.2 beschrieben haben. Der Lehrer geht vor, die Schüler gehen (bestenfalls) nach, der Lehrer macht vor, die Schüler machen (bestenfalls) nach. Natürlich können ein guter Lehrervortrag und ein wohl durchdachter, straff organisierter Frontalunterricht Berechtigung im Mathema-

tikunterricht besitzen und sinnvolle Elemente im Lernprozess darstellen. Dies soll keineswegs in Abrede gestellt werden! Schulisches Lernen bedarf auch der Anleitung durch den Lehrer, der ja Fachmann für diese Tätigkeit ist. Anleitung bedeutet in diesem Sinne aber nicht, dass die Schüler zu passiven Wissensempfängern degradiert werden, sondern dass die Lehrkraft Lernsituationen schafft, in denen sich die Schüler aktiv mit Mathematik beschäftigen, sie eigene Lernwege gehen.
Ein Vergleich: Klavier spielen lernt man weder, indem man einem Meisterpianisten jahrelang passiv zusieht, noch, indem man mit einem Klavier alleine gelassen wird. Es bedarf eines Lehrers, der geeignete Stücke zum Üben auswählt, Anleitungen und Hilfen bereithält, Fehler anspricht, Wege zur Weiterentwicklung aufzeigt und mit seiner eigenen Persönlichkeit eine förderliche Atmosphäre des Lernens entstehen lässt. Für den Klavierschüler ist das Erlernens des Instruments dabei mit einem Höchstmaß an Eigentätigkeit verbunden.
Es ist also im Mathematikunterricht eine Schwerpunktverschiebung notwendig: Weniger Instruktion durch die Lehrkraft, mehr eigenständiges, aktiv-konstruktives Lernen durch die Schüler. Zu letzterem möchte dieses Buch Anregungen geben, wobei ersteres in einem ausgewogenen Mathematikunterricht durchaus seinen berechtigten Platz haben kann.
Die Möglichkeiten, Schüler eigene Wege beim Arbeiten gehen zu lassen, sind vielfältig. Großformen eigenverantwortlichen Arbeitens sind Unterrichtsprojekte, Lernzirkel, Freiarbeit oder Planarbeit. Derart offene Unterrichtsformen schaffen Schülern einen geeigneten Rahmen, um über einen längeren Zeitraum hinweg eigenverantwortlich, selbstorganisiert und kooperativ zu arbeiten. Davon wird in Kapitel 4 die Rede sein. Allerdings machen diese Großformen in der Regel nicht den Hauptteil des Mathematikunterrichts aus und setzen zudem bei den Schülern bereits ein gerüttelt Maß an Selbststeuerungs- und Methodenkompetenz voraus, das erst im Kleinen erarbeitet werden muss.
Es kommt vielmehr darauf an, dass im alltäglichen Mathematikunterricht viele kleine *Inseln zum Gehen eigener Lernwege* geschaffen werden, die den Schülern Freiräume bieten, um selbstständig das zu tun, was traditionellerweise unter enger Führung des Lehrers geschieht. Darauf soll zunächst der Schwerpunkt liegen. Bereits Veränderungen im Kleinen können sich als ausgesprochen wirkungsvoll erweisen.

2.2 Eine typische Unterrichtssituation

Um nicht nur theoretisch über Unterricht zu reden, stellen wir uns eine konkrete Unterrichtssituation in einer 5. Klasse vor. Noch eindrucksvoller als sich den Unterricht vorzustellen ist es, ihn zu spielen:

> Spielen Sie die folgende Unterrichtssituation in Ihrem Kollegium. Eine Lehrkraft spielt den Lehrer, die anderen die Schüler. Der Lehrer sollte versuchen, die Impulse und Anweisungen an die Schüler etwa so zu geben, wie es beschrieben ist.

Im Lehrbuch steht folgende 08/15-Standardaufgabe, die dem alltäglichen Üben und Festigen des Stoffes dienen soll:

Weg pflastern

Um eine 44 m lange und 30 m breite rechteckige Rasenfläche soll ein 3 m breiter Weg gepflastert werden. Welchen Flächeninhalt hat der Weg?

Lehrer: Wer möchte den Aufgabentext vorlesen?

Ein Schüler liest den Text vor.

Lehrer: Machen wir dazu 'mal eine Skizze.

Der Lehrer zeichnet Folgendes an die Tafel:

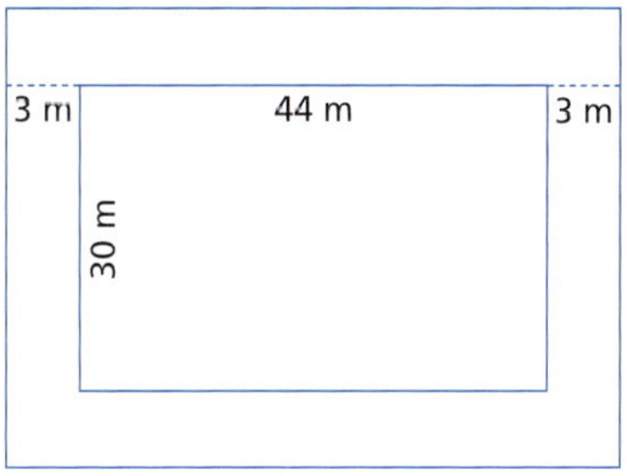

3 m | 44 m | 3 m | 30 m

Lehrer: Es geht darum, den Flächeninhalt dieses Wegstreifens um das Rasenstück in der Mitte zu berechnen.
Wer hat dazu eine Idee?

Schüler: ...

Es entwickelt sich ein Unterrichtsgespräch. Die erste zum Ziel führende Idee eines Schülers wird aufgegriffen und ausgebaut. Als Beispiel:

Lehrer: Der Weg besteht also aus vier 3 m breiten Streifen.

Der Lehrer hebt die vier Streifen in der Tafelskizze hervor.

Lehrer: Wie lang ist der linke bzw. der rechte Streifen?
Schüler: 30 m.
Lehrer: Und welche Länge hat der obere bzw. der untere Streifen?
Schüler: 47 m.
Lehrer: Na ja, in der Mitte haben wir doch 44 m und dazu kommen links und rechts jeweils 3 m dazu. Wie lang ist damit der obere Streifen?
Schüler: 50 m.
Lehrer: Gut, schreiben wir 'mal unsere Ergebnisse auf:

Der Lehrer wendet sich zur Tafel und fertigt etwa folgenden Tafelanschrieb an:

oben/unten:	50 m · 3 m	=
links/rechts:	30 m · 3 m	=
<u>gesamt:</u>	A	=

Lehrer: So, löst jetzt diese Aufgabe selbstständig weiter!

Diskutieren Sie über diese gemeinsam erlebte kurze Unterrichtssequenz.

Dieses Unterrichtsbeispiel zeigt erschreckend deutlich: Die am Ende geforderte Selbstständigkeit der Schüler ist eine „Pseudo-Selbstständigkeit"! Bereits mit dem Anfertigen der Skizze hat der Lehrer viel vorweg genommen und die Schüler um einen fundamentalen Schritt betrogen, nämlich um die Bildung des mathematischen Modells: Die Schüler müssten zunächst den Text verstehen, sich die beschriebene Situation vorstellen, diese Schritt für Schritt in eine geometrische Zeichnung übersetzen und schließlich eigene Lösungswege entwickeln. Damit stehen ganz fundamentale Tätigkeiten am Anfang, die jeder Schüler selbst ausführen muss, um von der Aufgabe wirklich profitieren zu können.

Versuchen wir, uns vorzustellen, wie viele Schüler diese Aufgabe erleben: Noch bevor sie den Text wirklich durchdrungen haben, entsteht an der Tafel die Skizze. Also wird diese Strich für Strich „abgepinselt". Währenddessen läuft bereits das fragend-entwickelnde Unterrichtsgespräch – weitgehend ohne ihre Beteiligung – ab. Sind sie fertig mit der Zeichnung, ist der wenig verstandene Tafelanschrieb zu übernehmen. Dann kommt die Primitivaufgabe, 50 m · 3 m und 30 m · 3 m auszurechnen.
Das gängige „Andiskutieren" eines Problems samt seiner Lösung, bei dem der Lehrer – gestützt auf die mündlichen Beiträge der „Zugpferde" einer Klasse – das Problem vorschnell erläutert, strukturiert und Lösungswege aufzeigt, verkennt, dass die Schüler Zeit und Ruhe bräuchten, um Derartiges selbst zu leisten. Und es betrügt den Großteil der Schüler um die vielfältigen Lernmöglichkeiten, die von einer Aufgabe ausgehen können. Als Lehrer muss man sich dazu manchmal mehr zurückhalten. Zu viele Lehrerimpulse machen die Schüler unselbstständig.
Deshalb nun eine zweite Variante der Unterrichtssituation, die Wert auf eigenständiges und selbstorganisiertes Arbeiten legt.

Lehrer: Wer möchte den Aufgabentext vorlesen?

Ein Schüler liest vor.

Lehrer: Ihr habt 10 Minuten Zeit, um diese Aufgabe zu lösen. Wenn ihr nicht mehr weiter kommt, könnt ihr euch mit euerem Nachbarn besprechen.

Während der ersten drei Minuten setzt sich der Lehrer ans Pult. Danach geht er durch die Klasse, wendet sich Einzelnen zu und gibt bei Bedarf Hilfen.
Nach ca. 10 Minuten (je nach Situation in der Klasse):

Lehrer: So, die 10 Minuten sind um. Wer möchte seine Ideen an der Tafel vorstellen?

Vier oder fünf verschiedene Ideen werden vorgestellt, diskutiert und verglichen. Je nach Verlauf dieser Diskussion kann es notwendig sein, dass der Lehrer dafür sorgt, dass am Ende eine vollständige Lösung übersichtlich an der Tafel steht. Wenn man das Gefühl hat, dass die Schüler die Aufgabe auf breiter Basis durchdrungen haben, kann man darauf aber auch verzichten.

Natürlich kommt bei der Ergebnispräsentation nicht immer jeder Schüler voll zum Zug. Wenn derartige Phasen aber regelmäßig im Unterricht stattfinden, lässt sich im Lauf der Zeit „Gerechtigkeit" herstellen.
Wir sehen, dass es entscheidend darauf ankommt, wie man an die Aufgabe aus dem Schulbuch herangeht. Bei der zweiten Variante haben die Schüler viel mehr Gelegenheit, eigenständig das Problem zu durchdringen, eigene Lernwege zu gehen – auch Irrwege, die durchaus lehrreich sind.

Der Vergleich dieser beiden Unterrichtssituationen dürfte reichlich Anlass zur Diskussion bieten. Tauschen Sie Ihre Ideen und Gedanken hierzu aus.

Ein Einwand: Die Zeit

Es könnten Befürchtungen entstehen, die zweite vorgestellte Form von Unterricht sei zu zeitaufwändig, man schaffe es damit niemals, den im Lehrplan vorgeschriebenen Stoff „durchzubringen". Die Erfahrungen aus SINUS-Schulen und aus anderen Ländern sprechen aber gerade für das Gegenteil (siehe auch Abschnitte 2.3 und 2.4).

Diskutieren Sie die Fragen:
- Was ist sinnvoller: Während einer Unterrichtsstunde drei Aufgaben in stark lehrerzentrierter Form zu „behandeln“ oder in der gleichen Zeit zwei Aufgaben von den Schülern möglichst eigenständig erschließen zu lassen?
- Wie viel bleibt aus Übungsphasen gegenwärtig nach zwei Monaten, nach einem Jahr oder am Ende der Schulzeit im Gedächtnis?

2.3 Grundschema japanischer Mathematikstunden

Blicken wir einmal auf den TIMSS- und PISA-Musterschüler Japan. (Es soll im Folgenden nicht der Eindruck entstehen, dass wir Japan als Vorbild nehmen oder japanischen Unterricht abkupfern sollten. Dazu sind die kulturellen Unterschiede zu groß. Allerdings sollte uns dies nicht daran hindern, die Augen nach Anregungen für *unseren* Unterricht offen zu halten.)
Die fachdidaktische Analyse der TIMSS-Videostudie hat folgendes Grundschema japanischer Mathematikstunden aufgezeigt. Es charakterisiert sicher nicht den gesamten Unterricht, aber doch einen beträchtlichen Teil:

- Stellen eines Problems und Sichern des Verstehens der Fragestellung.
- Selbstständiges Bearbeiten durch die Schüler in Einzel- oder Kleingruppenarbeit.
- Sammeln der verschiedenen Lösungen und Austausch darüber.

Ein solches Schema vereinfacht und pauschalisiert natürlich, es hebt aber Entscheidendes auch hervor.
Mit diesem Schema wird die zweite Variante der im vorigen Abschnitt diskutierten Unterrichtssituation beschrieben. Der wesentliche Unterschied zur ersten Variante liegt bereits beim Übergang von Punkt 1 zu Punkt 2: Wenn das Problem klar ist, fangen die Schüler an, selbstständig zu arbeiten, gehen eigene Lernwege. Es wird weder ein möglicher Lösungsweg andiskutiert, noch gibt der Lehrer hierzu Hinweise. Die bei uns oft üblichen Impulse fehlen. („Machen wir einmal ein Skizze.“, „Überlegen wir 'mal, worum es geht: ...“, „Wie könnte man denn an das Problem herangehen? ...“, „Wer von euch hat eine Idee? ...“, „Denken wir einmal an ...“) Die Schüler setzen sich ohne Hilfe von außen mit dem Problem auseinander. Dieses Vorgehen erzieht zur Eigenständigkeit und produziert in der Regel ganz von selbst vielfältige Lösungswege (vgl. auch Baptist 1998).
Im Gegensatz dazu beschränken sich die Aktivitäten der meisten Schüler im fragend-entwickelnden Unterricht oft nur darauf, bei der „Erarbeitung“ eines Problems im Zuge eines vom Lehrer eng geführten Frage-Antwort-Spiels einzelne Worte bzw. Satzfetzen in einen vorgegeben Gedankengang einzufügen oder das Unterrichtsgeschehen passiv zu beobachten.

Kann dieses Schema japanischer Mathematikstunden eine Anregung für Ihren Unterricht darstellen?

Betrachten wir ein weiteres Beispiel (nach Herget o. J.), das uns gleichzeitig in eine weitere Richtung führen wird:

Bearbeiten Sie die folgende Aufgabe gemeinsam mit Ihren Kollegen!

Dieses Denkmal steht am Bundeskanzlerplatz in Bonn. Es zeigt den Kopf von Konrad Adenauer, der von 1949 bis 1963 erster Bundeskanzler der Bundesrepublik Deutschland war.

a) Wie groß müsste ein entsprechendes Denkmal sein, das Adenauer von Kopf bis Fuß im selben Maßstab darstellt?

b) Erkläre deine Überlegungen deinem Nachbarn.

c) Präsentiere mit deinem Nachbarn zusammen eure Ideen und Ergebnisse eueren Mitschülern.

Foto: Ronald Friese

Wenn Ihnen diese Aufgabe in einer Fachsitzung mit Ihren Kollegen vorgelegt wird, erleben Sie beim Lösen vermutlich folgende Phasen:

- Zunächst machen Sie sich selbst mit der Problemstellung vertraut und entwickeln einen eigenen Lösungsweg.
- Dann tauschen Sie sich mit Ihrem Nachbarn aus, vergleichen Ihre Ergebnisse und besprechen, wie Sie beide an das Problem herangegangen sind.
- Schließlich werden Sie mit allen Fachkollegen Lösungswege und Ergebnisse vergleichen.

Sie erleben damit einen sehr natürlichen Ablauf des Lernens bzw. Problemlösens am eigenen Leib. Machen wir uns diese Struktur nochmals auf allgemeinerem Niveau bewusst.

2.4 Ich, du, wir – ein Lern- und Arbeitsprinzip im Mathematikunterricht

Die obige „Adenauer-Aufgabe" ist nach dem Dreischritt „Ich, du, wir" aufgebaut, ein Konzept, das auf die beiden Schweizer Peter Gallin und Urs Ruf zurückgeht.
Peter Gallin ist Mathematikdidaktiker, Urs Ruf Deutschdidaktiker. Beide haben in den vergangenen Jahren zahlreiche Veröffentlichungen verfasst, die sich dem Deutsch- und dem Mathematikunterricht gleichermaßen widmen, etwa das zweibändige Werk *„Dialogisches Lernen in Sprache und Mathematik"* (siehe Literaturverzeichnis).
Ihr Konzept „Ich, du, wir" zeigt einen Weg auf, wie das Lernen und Arbeiten in der Schule organisiert und strukturiert werden kann, um individuelle Lernprozesse möglichst wirksam und nachhaltig anzuregen.

ICH: Individuelles Arbeiten
Jeder einzelne Schüler macht sich eigenständig mit einer Thematik oder Problemstellung vertraut, stellt Bezüge zum eigenen Ich, zum individuellen Vorwissen her und geht eigene Schritte in Richtung einer Lösung.

DU: Lernen mit einem Partner
Jeder Schüler tauscht sich mit einem Partner aus, erklärt seine Ideen, vollzieht die Gedanken des anderen nach und dringt so tiefer in das Themengebiet ein. In Partnerarbeit wird weiter an der Problemlösung gearbeitet.

WIR: Kommunikation im Klassenteam
Die Resultate der Arbeitsgruppen werden im Klassenplenum präsentiert und diskutiert. Aus den Beiträgen aller wird ein gemeinsames Ergebnis erarbeitet.

Die „Ich"-Phase – Individuelles Arbeiten
Zum Verständnis führt vor allem ein Weg: der selbst gegangene. In diesem Sinne geht es zunächst darum, die Aufgabenstellung zu erschließen und zu verstehen, sich zu orientieren und ein Gefühl dafür zu entwickeln, was die Aufgabe von einem abverlangt. Als Weiteres ist die Thematik in das persönliche Vorwissen einzuordnen, Strategien und Lösungsideen sind zu entwickeln und schließlich umzusetzen.
Die Analyse dieser Orientierungs- und Bearbeitungsprozesse zeigt, dass es sich hierbei um zutiefst individuelle Vorgänge handelt. Jeder Schüler besitzt ein eigenes „Denk-Netz" (Vorwissen, Denkmuster, Problemlösestrategien, ...) und ein eigenes Tempo bei diesen Ver- und Bearbeitungsvorgängen. Deshalb erscheint es sinnvoll und zweckmäßig zugleich, diese Phase jeden Schüler individuell im Rahmen einer Einzelarbeit durchlaufen und durchleben zu lassen.

Die „Du"-Phase – Lernen mit einem Partner

Hier stehen die Kooperation und die Kommunikation mit dem Nachbarn, dem „Du", im Mittelpunkt. (Bei großen Klassen sind auch Arbeitsgruppen von drei bis vier Schülern denkbar.) Die Schüler sind gefordert, ihre Ideen und Ergebnisse sprachlich verständlich auszudrücken und umgekehrt auf die Gedanken des anderen einzugehen.

Ein derartiger Austausch begünstigt fachliches Lernen in mehrerlei Hinsicht. Einerseits führt das aktive Kommunizieren zu einer weiteren Durchdringung des Stoffes, andererseits kann der Nachbar als helfende Instanz wirken, wenn es darum geht, Verständnisfehler zu klären, Grundlagenwissen zu aktivieren, weitere Ideen zu entwickeln und auftretende Probleme zu bewältigen.

Ein derart kooperatives Arbeiten unterstützt aber auch den Aufbau sozialer Kompetenzen, indem es Schüler dazu veranlasst, einander zuzuhören, zusammenzuarbeiten, sich wechselseitig zu unterstützen, miteinander zu diskutieren, mit diskrepanten Ansichten umzugehen und Kompromisse zu schließen.

Die „Wir"-Phase – Kommunikation im Klassenteam

In der „Wir"-Phase findet zweierlei statt: Zum einen stellen die Schülerarbeitsgruppen ihre Überlegungen und Ergebnisse im Klassenplenum vor, zum anderen wird unter der fachkundigen Moderation des Lehrers eine gemeinsame Lösung entwickelt, die die Schülerresultate vereint, ggf. noch erweitert und in den fachlichen Kontext einbettet.

Die Schüler trainieren das Reden über Mathematik, das Präsentieren eigener Ergebnisse, aber auch das Sprechen vor einer Gruppe, der Klasse. Vielen Schülern fällt gerade Letzteres nicht leicht, sie haben Angst vor dem Scheitern, ziehen sich lieber zurück und schweigen. Um derartige Ängste abzubauen, ist es natürlich notwendig, in der Klasse ein Gemeinschaftsgefühl und ein Gefühl des gegenseitigen Vertrauens aufzubauen. Andererseits ist es aber auch geboten, im Rahmen des Unterrichtsverlaufs regelmäßig Situationen zu schaffen, die die Schüler gezielt zu Erfolgserlebnissen beim freien Sprechen führen.

Natürlich wird man nicht davon ausgehen können, dass die Berichte der Schüler hinsichtlich des Inhalts, der Darstellung und der Verständlichkeit stets perfekt sind. Dies muss aber nicht unbedingt ein Manko sein. Aus Fehlern kann man lernen. Dies klingt wie eine Binsenweisheit, aber es setzt voraus, dass Fehler erlaubt sind und auch tatsächlich Platz im Unterricht haben, dass Schüler ohne Angst vor schlechten Noten oder Spott und Gelächter von Seiten der Mitschüler sich trauen, Fehler zu äußern.

Wenn derartige Aspekte jeweils rücksichtsvoll besprochen werden, z. B. durch die regelmäßig gestellte Routinefrage „Was war gut, was hätte man besser machen können?", wird Kritik nicht verletzend wirken, sondern helfen, das mathematische Verständnis, aber auch Präsentationsfertigkeiten aller Schüler kontinuierlich zu steigern.

Haben die Schüler einen neuartigen Problem- bzw. Gedankenkreis auf eigenen Wegen intensiv erkundet, kann der Dreischritt „Ich, du, wir" zu einem Abschluss gebracht werden, indem die Schülerresultate zu einem Gesamtergebnis zusammengefasst bzw. erweitert werden. Die Schüler sind dann „reif" für eine fundierte Ergebnissicherung, die mathematische Konventionen, den stofflichen Rahmen und curriculare Vorgaben berücksichtigt.

... und was macht eigentlich der Lehrer?

Dem Lehrer kommt in einem derart strukturierten Unterricht eine veränderte, aber nicht unbedingt einfachere Rolle zu. Im Zuge der „Ich"- und der „Du"-Phase schafft der Lehrer den äußeren Rahmen und ist vor allem Berater im Hintergrund, der sich bei Bedarf Einzelnen zuwendet und Hilfe zur Selbsthilfe anbietet.

Während der „Wir"-Phase ist die Rolle des Lehrers zunächst die eines Moderators, der die Ergebnispräsentationen der Schüler organisiert und damit verbundene Diskussionen leitet. Dabei ist darauf zu achten, dass *miteinander* kommuniziert wird, dass das Gespräch nicht auf den Lehrer hin fixiert ist.

Schließlich sind die Schülerbeiträge unter Leitung des Lehrers zu einem mathematisch fundierten Gesamtresultat zu vereinen bzw. zu erweitern und die zentralen Gedanken und Ergebnisse auf breiter Basis zu sichern.

„Ich, du, wir" beim Neuerwerb

Hatten die letzten beiden Beispiele („Weg pflastern", „Adenauer") eher die Funktion des Anwendens und Vertiefens von Bekanntem, so zeigen die folgenden Arbeitsaufträge, dass das Konzept „Ich, du, wir" auch einen geeigneten Rahmen zur Erschließung von Neuem bieten kann.

Die Schüler gewinnen einen ersten Zugang zu Trapezen und können individuelle Wege entwickeln, um deren Flächeninhalt zu bestimmen. Die Flächenformel für Trapeze ist im Vergleich zu anderen Flächenformeln der Schulgeometrie relativ komplex. Umso wichtiger ist es, dass die Schüler ein grundlegendes Verständnis für die Problematik und die Idee der Flächenmessung von Trapezen aufbauen, um nicht nur oberflächlich – und oft falsch – mit einer wenig verstandenen Formel zu hantieren.

Das Beispiel zeigt, dass eigenverantwortliches Arbeiten im regulären Unterricht völlig unspektakulär ablaufen kann.

Spezielle Vierecke

a) Zeichne möglichst verschiedenartige Vierecke, bei denen zwei der vier Seiten zueinander parallel sind, in dein Heft.

b) Erfinde einen Namen für solche Vierecke.

c) Bestimme den Flächeninhalt der von dir gezeichneten Vierecke.

d) Entwickle eine allgemeine Methode, wie sich der Flächeninhalt solcher Vierecke möglichst einfach berechnen lässt. Notiere deine Überlegungen in dein Heft.

e) Erkläre deine bisherigen Überlegungen deinem Nachbarn. Diskutiert gemeinsam über euere Ergebnisse und arbeitet euere Resultate zu einer gemeinsamen Lösung aus.

f) Stellt euere Überlegungen und Resultate im Klassenteam eueren Mitschülern vor. Ordnet auch die Präsentationen der anderen Gruppen in euere Arbeit ein.

Fazit

Dieses Konzept „Ich, du, wir" ist natürlich nur ein methodischer Weg von vielen. Es eignet sich immer, wenn es um den Aufbau und die Festigung mathematischer Kompetenzen auf Schülerseite geht, also sowohl in Übungsphasen als auch bei der Erarbeitung von neuem Stoff. Allerdings wäre es sicher übertrieben, das gesamte Arbeiten in der Schule nur danach gestalten zu wollen. Was ist aber das Besondere und Übertragenswerte an dieser Idee?

Die Schüler knüpfen ihr *eigenes, individuelles* „Denk-Netz" *vor* der Besprechung einer „Muster"-Lösung im Klassenplenum. Sie ordnen das Neue in ihr eigenes Vorwissen ein, *bevor* der Lehrer zu strukturieren und zu erklären beginnt. Hierin liegt der wesentliche Unterschied zum eng geführten, kleinschrittigen, fragend-entwickelnden Unterrichtsgespräch, und in diesem Sinne ist das „Ich, du, wir"-Prinzip eine Methode, um Schüler *eigene* Lernwege gehen zu lassen.

Nach so viel Neuem ist eine Phase der Reflexion sinnvoll:

Vergleichen Sie das Schweizer „Ich, du, wir"-Prinzip mit den Grundschema japanischer Unterrichtsstunden aus Kapitel 2.3. Wo sehen Sie Gemeinsamkeiten, wo Unterschiede?

Probieren Sie das Lern- und Arbeitsprinzip „Ich, du, wir" mit Ihren Schülern in Ihrem Unterricht aus!

3. Offene Aufgaben – eigenverantwortliches Arbeiten im alltäglichen Unterricht

Haben wir uns bislang vor allem mit methodischen Fragen des Mathematikunterrichts befasst, so wenden wir uns nun konkreten Aufgaben zu. Da der größte Teil des eigenständigen Denkens und Arbeitens der Schüler durch Aufgabenstellungen bestimmt wird – sei es in Form von Hausaufgaben oder Schulübungen –, liegt in ihrer Weiterentwicklung ein erhebliches Potenzial. Wir werden im Folgenden mit dem Öffnen von Aufgaben leicht gangbare Wege für die alltägliche Unterrichtspraxis finden, mit denen Schüler in „kleinen Schritten" zu selbstständigem, eigenverantwortlichem, aber auch kooperativem Arbeiten gelangen können.

Die Adenauer-Aufgabe führt uns auf einen weiteren fundamentalen Aspekt: Es mag unbefriedigend sein, dass die Aufgabe kein eindeutiges, „richtiges" Endergebnis besitzt. Aufgaben, die das Gehen eigener Lernwege in besonderem Maße fördern, sind Aufgaben, die in ihrer Struktur eine gewisse Offenheit besitzen, Aufgaben, bei denen die Schüler während der Bearbeitung eine gewisse Autonomie erfahren.
Betrachten wir einige Beispiele, um ein Gefühl dafür zu erhalten, was Offenheit bedeutet. Dabei lernen Sie gleichzeitig Strategien kennen, mit denen man offene Aufgaben für den alltäglichen Mathematikunterricht gewinnen kann.

3.1 Fragen stellen

Ein Weg, offene Lernsituationen zu erzeugen, ist es, die Schüler Fragen stellen zu lassen. Im folgenden Beispiel erhalten die Schüler Datenmaterial als Stoff zum Nachdenken und als Ausgangspunkt für mathematisches Arbeiten. Die Idee zur Aufgabe wurde im Rahmen des BLK-Modellversuchs SINUS an einer baden-württembergischen Realschule entwickelt und erprobt (vgl. LEU Stuttgart 2001, S. 40 f.).

Ski-Urlaub im Preisvergleich

Familie Müller möchte während der Faschingsferien einen Ski-Urlaub machen. Sie informiert sich über Preise:

Skigebiet Alpin Winterangebot 2004/05

Liftkarten	**Erwachsene**	**Kinder**
5-Tages-Karte	105 €	75 €
3-Tages-Karte	72 €	51 €
Tageskarte	27 €	19 €
Nachmittagskarte (gültig ab 12.30 Uhr)	16 €	11 €

Familienangebot

5 Tage für	333 €
3 Tage für	222 €

Liftbenutzung für alle Familienmitglieder

Überlege dir hierzu Fragen und beantworte sie!

Es wird keine eng umrissene Aufgabe formuliert, sondern eine Situation beschrieben. Die Schüler müssen zuerst diese Situation durchdringen und verstehen, bevor sie Fragen formulieren und rechnen können. Ein – bei Schülern oft zu beobachtendes – gedankenloses „Losrechnen", bei dem die in der Aufgabe stehenden Zahlen irgendwie miteinander verknüpft werden, ist schwer möglich.

Welche Fragen könnte man ausgehend von dieser Situation diskutieren?

Denkbar sind etwa Überlegungen wie:
- Wie viel spart man bei einer 3-Tages-Karte gegenüber drei Einzelkarten?
- Warum ist die 3-Tages-Karte günstiger als drei Einzelkarten?
- Lohnt sich das Familienangebot?
- Ab wie viel Personen lohnt sich das Familienangebot?
- Was würde der Lift für die eigene Familie kosten?
- Lohnt es sich, nur nachmittags zu fahren?
- Welche Karten sollte man kaufen, wenn man 6 Tage bleibt? (5 + 1 Tag oder 2 x 3 Tage?)
- Was ist bei 7, 8, 9, … Tagen am günstigsten?

Traditionellerweise wird im Mathematikunterricht immer sehr detailliert nach dem gefragt, was man von den Schülern hören möchte. Die Tätigkeiten der Schüler beschränken sich dabei oftmals nur darauf, aus der aktuell behandelten Unterrichtssequenz die Lösungsverfahren zu suchen und anzuwenden, auf die die Frage hinweist.
Wir sollten unsere Schüler aber auch durchaus an offenere Aufgabenstellungen gewöhnen, denn schließlich sind die Probleme, die die Schüler in ihrem späteren Leben zu lösen haben, selten Folgen von Arbeitsanweisungen, die bis ins Kleinste beschrieben sind. Den zugehörigen Unterricht könnte man etwa nach dem „Ich, du, wir"-Prinzip oder nach dem japanischen Modell strukturieren. Es bieten sich dabei auch viele Möglichkeiten der Binnendifferenzierung: Schwächere Schüler werden leichtere Fragen formulieren, stärkere sich an komplexere Probleme wagen.
Datenmaterial bietet in der Regel eine gute Grundlage für mathematisches Überlegen, für das Stellen von Fragen und für gemeinsames Diskutieren. Eine Aufgabe für höhere Jahrgangsstufen:

Die Entwicklung der Weltbevölkerung

Jahr	Bevölkerung in Mrd.
1900	1,65
1910	1,75
1920	1,86
1930	2,07
1940	2,30
1950	2,52
1960	3,02
1970	3,70
1980	4,44
1990	5,27
2000	6,06

Auf der Homepage der Vereinten Nationen (http://www.un.org/popin) findet man unter anderem Informationen über die Entwicklung der Weltbevölkerung. Die Tabelle oben enthält dazu einige Daten.

a) Überlege dir zu dieser Thematik interessante Fragestellungen und versuche sie zu beantworten.

b) Informiere dich mit Hilfe des Internets über Bevölkerungsentwicklung, stelle deine Ergebnisse übersichtlich dar und präsentiere sie deinen Mitschülern.

Welche Überlegungen könnte man ausgehend von diesem Datenmaterial anstellen?

Ausgangspunkt zum Stellen von Fragen kann auch ein Text mit mathematischem Gehalt sein, wie das nächste Beispiel zeigt. Es stammt aus einer Leistungserhebung in einer 6. Klasse am Ehrenbürg-Gymnasium Forchheim (vgl. auch Herget, Scholz 1998, S. 113):

> **„Treppenrennen" im Empire State Building**
>
> In der Braunschweiger Zeitung fand sich folgende Meldung:
>
> > **In elf Minuten 1575 Stufen hoch**
> > NEW YORK. Der amerikanische Bergsteiger Al Waquie hat beim alljährlich stattfindenden „Treppenrennen" im New Yorker Empire State Building den Sieg davongetragen.
> > Der 32-Jährige legte die über 86 Stockwerke führenden 1575 Stufen in elf Minuten und 29 Sekunden zurück.
>
> Überlege dir hierzu eine Frage mit mathematischem Gehalt und beantworte sie!

Interessanterweise ist die Forderung, Schüler Fragen und Antworten zu Sachsituationen selbstständig finden zu lassen, in Grundschullehrplänen z. T explizit formuliert. Dies schlägt sich in den Schulbüchern teilweise dadurch nieder, dass Bilder oder Datenmaterial vorgegeben werden, zu denen sich die Schüler Fragen überlegen sollen, oder dass bei Textaufgaben die Frage weggelassen wird. Hierzu zwei Beispiele aus aktuellen Grundschulbüchern für die 2. bzw. 4. Jahrgangsstufe:

(aus: Kolbinger, K.-H. u. a.: Nussknacker, Unser Rechenbuch für Klasse 2, Ausgabe Bayern, Klett Verlag, Stuttgart 2001, S. 87)

Überlege dir Fragen und beantworte sie:

Nicola möchte Folgendes kaufen: Ein Wanderzelt für 85 €, eine Luftmatratze für 15,90 € und einen Schlafsack für 79 €. Das Geld für den Einkauf hebt sie von ihrem Sparkonto ab, auf dem sie 484 € angespart hat.

Im SWR-Hörfunk kostet die Sekunde Werbung mindestens 4,79 €. Die Werbesendung für das Putzmittel „Alles klar" dauert 9 Sekunden. Montag bis Freitag wird die Sendung je 5-mal, am Samstag 7-mal und am Sonntag gar nicht gesendet.

(aus: Keller, K.-H., Pfaff, P.: Das Mathebuch 4, Mildenberger Verlag, Offenburg 2002, S. 57 und S. 59)

Es werden jeweils keine Fragen explizit formuliert. Die Schüler sind gefordert, zuerst die Situation zu durchdringen, den mathematischen Gehalt zu erschließen und sich selbst zu fragen, was in der jeweiligen Situation von Interesse sein könnte. Erst dann kann ein Rechnen beginnen. Die Schüler entwickeln auf diesem Gebiet in der Grundschule Fähigkeiten, die man in der Sekundarstufe nicht verkümmern lassen darf.

Ein Kollege hat hierzu einmal eingewendet: „Es ist doch egal, ob ich oder die Schüler die Fragen stellen. Im Endeffekt kommt es darauf an, dass die Schüler rechnen." Was meinen Sie zu dieser Aussage?

3.2 Eigenschaften entdecken

Offene Aufgaben erhält man immer, wenn man die Schüler auffordert, Objekte zu untersuchen und mathematische Eigenschaften dieser Objekte zu entdecken und zu erforschen. Hierzu ein Beispiel, das sich in verschiedenen Jahrgangsstufen und Unterrichtszusammenhängen nutzen lässt – wie z. B. Symmetrie, Dreiecke, Vierecke, Umfang, Flächeninhalt, Prozentrechnung, zentrische Streckung, … (vgl. auch Baptist 2000(a) und Wurz 1998):

Balkongitter

Hier siehst du das Muster eines Balkongitters:

Foto: Baptist

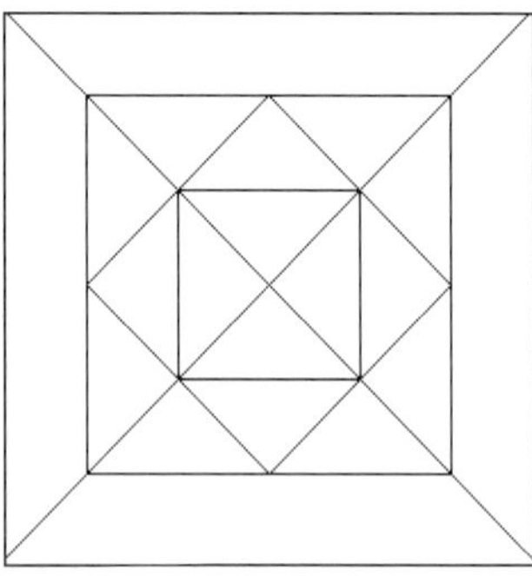

a) Entdecke möglichst viele Eigenschaften dieser Figur!

b) Überlege dir interessante Fragen zu dem Muster und lasse sie von deinem Nachbarn beantworten!

c) Präsentiere mit deinem Nachbarn gemeinsam die schönsten Ergebnisse im Klassenteam.

Geometrische Figuren finden sich zuhauf in Schulbüchern. In der Regel sind zu abgebildeten Figuren sehr konkrete Fragen gestellt. Offene Unterrichtssituationen gewinnt man sehr leicht und ohne großen Aufwand, indem man die im Buch gestellten Fragen zunächst nicht beachtet und die geometrischen Figuren an sich untersucht, Forschungen anstellt, Entdeckungen macht.
Im vorliegenden Beispiel kann man in vielfältige Richtungen gehen:

- Wie viele Dreiecke sind zu erkennen? Wie viele Vierecke?
- Welche Größenverhältnisse gibt es zwischen den Dreiecken und Vierecken? Welche Ähnlichkeiten liegen vor?
- Welche Symmetrien gibt es?
- Wie viel Prozent der Fläche liegen im innersten Quadrat?
- Wenn das Geländerelement im Original 1 m^2 groß ist, wie schwer ist es dann? Kann man es allein hochheben?
- ...

Es bietet sich an, bei dieser Aufgabe etwas zu verweilen und sie vielschichtig zu durchdringen. Ein solches „Beschäftigen mit Aufgaben" ist auf lange Sicht weitaus wirkungsvoller als das Abarbeiten voneinander isolierter Kurzaufgaben.

Auch im folgenden Beispiel dient eine auf den ersten Blick unscheinbare geometrische Figur als Ausgangspunkt für mathematisches Forschen und Entdecken. Die Idee dazu wurde im Rahmen des BLK-Modellversuchs SINUS an der Jacob-Grimm-Schule Rotenburg a. d. F. entwickelt.

Dreieck im Quadrat

Hier siehst du ein Quadrat, in das ein Dreieck „eingepasst" wurde.

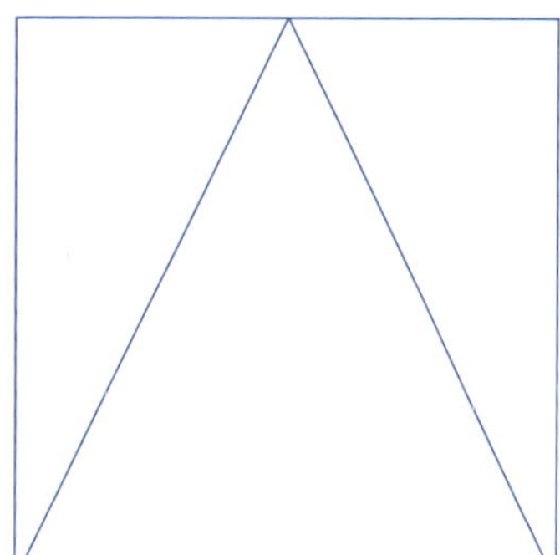

a) Mache möglichst viele (mindestens fünf) mathematische Aussagen über die Figur (z. B. über Flächeninhalte, Winkel, ...).

b) Verschiebe die obere Ecke des Dreiecks so, dass ein gleichseitiges Dreieck entsteht. Wie groß ist dann seine Höhe, wie viel Prozent der Quadratfläche nimmt das neue Dreieck ein?

c) Wie kann die obere Ecke des Dreiecks verschoben werden, so dass das Dreieck ein Viertel der Quadratfläche einnimmt?

Ein Beispiel für die Oberstufe: Die Untersuchung von Funktionen muss nicht immer nach dem starren Raster der Kurvendiskussion erfolgen, sondern kann sehr offen angeregt werden:

Funktionen erforschen

Betrachte die Schar von Funktionen

$f_a(x) = \sqrt{x(a-x)}$, $x \in D_{max}$, mit einem Parameter $a \in \mathbb{R}^+$.

Entdecke möglichst vielfältige Eigenschaften dieser Funktionenschar!

Es ist zunächst offen, was gemacht werden soll bzw. überhaupt gemacht werden kann. Wenn man sich aber etwas mit der Aufgabe beschäftigt, zeigt sich, dass sich hinter den Funktionen eine Schar von Halbkreisen verbirgt. Dies gilt es zu entdecken, zu beschreiben und zu beweisen!
Klassischerweise würde ein Arbeitsauftrag zu dieser Funktion etwa lauten: „Untersuchen Sie den maximalen Definitionsbereich, Monotonie, berechnen Sie die 1. und die 2. Ableitung, Extrema, Wendepunkte und zeichnen Sie den Graphen für $a = 2$."

Natürlich können derart detaillierte Anweisungen in bestimmten Unterrichtssituationen notwendig und sinnvoll sein. Allerdings wäre es schade, wenn die Untersuchung von Funktionen immer nur auf bis ins Kleinste beschriebenen Wegen erfolgte, wenn die Schüler nicht regelmäßig auch die Freiheit erhielten, eigene Lernwege zu gehen.
Ein Vergleich: In anderen Fächern sind offene Fragestellungen durchaus die Regel. Wenn es etwa in Geschichte heißt: „Erläutern Sie, wie Hitler an die Macht kam!", genügt es nicht, zu sagen, „Er wurde gewählt.", sondern es ist ein komplexerer Zusammenhang möglichst umfassend darzustellen.
Entsprechend ist es bei obiger Aufgabe: Ein mathematisches Objekt ist zu erforschen, zu durchdringen und die Resultate sind strukturiert darzulegen. Wenn ein Schüler dabei nur die Definitionsmenge bestimmt und Ableitungen berechnet, aber nicht erkennt, dass es sich bei den Graphen um Halbkreise handelt, fehlt ein entscheidender Inhalt.

Überlegen Sie selbst weitere Beispiele, die Anlass zu freiem Erforschen und Entdecken mathematischer Zusammenhänge geben können.

3.3 Stellung nehmen

In Abschnitt 1.2 haben Sie über die Frage nachgedacht, was wir mit dem Mathematikunterricht langfristig bei den Schülern erreichen möchten. Vielleicht sind Sie dabei auch auf die erstrebenswerten Fähigkeiten gestoßen, mathematische Zusammenhänge sprachlich darzustellen oder Sachverhalte nach mathematischen Gesichtspunkten zu beurteilen. Diese Kompetenzen stellen eine Facette mathematischer Grundbildung dar (vgl. Postscript auf S. 151 f.) und können mit offenen Aufgaben in besonderer Weise gefördert werden. Ein Beispiel (nach Herget, Scholz 1998, S. 32), das Teil einer Leistungserhebung am Ehrenbürg-Gymnasium Forchheim war:

In der Norderneyer Badezeitung war folgende Meldung zu lesen:

> Fuhr vor einigen Jahren noch jeder zehnte Autofahrer zu schnell, so ist es mittlerweile heute nur noch jeder fünfte. Doch auch fünf Prozent sind zu viele, und so wird weiterhin kontrolliert, und die Schnellfahrer haben zu zahlen.

Nimm Stellung zum mathematischen Gehalt dieser Meldung.

Gerade diese Aspekte „Beurteilen", „Stellung nehmen" werden im Fach Mathematik sehr vernachlässigt – auch in Leistungserhebungen. Zu oft sind Aufgaben so gestellt, dass die

Schüler ausschließlich denken und rechnen müssen, Lösungen bestehen aus Rechnungen und evtl. Antwortsätzen. Zu selten sind die Schüler gefordert, komplexere Gedanken in Worte zu fassen.
Wenn wir unseren Schülern aber nicht nur technische Fertigkeiten beibringen, sondern mathematische Bildung vermitteln wollen, müssen wir im Mathematikunterricht regelmäßig offene Situationen schaffen, die zum Werten, Stellung nehmen und Argumentieren auffordern.
Natürlich müssen die Schüler diese Art mathematischer Kompetenz erst allmählich entwickeln. Wenn sie aber beispielsweise in einer realen Zeitungsmeldung einen Fehler entdeckt haben, sind sie in der Regel sehr mitteilsam. Eine wahre Fundgrube für solche Zeitungsartikel bildet das Buch von Herget/Scholz „Die etwas andere Aufgabe aus der Zeitung" (siehe Literaturverzeichnis).
Die drei folgenden Aufgabe werden jeweils durch die einfache Aufforderung „Was meinst du dazu?" zu Aufgaben, die zum Nachdenken, Rechnen und Stellung nehmen auffordern. Die erste wurde im Rahmen von SINUS an der hessischen Söhre-Schule in Lohfelden entwickelt, die zweite am Gymnasium Ebingen. Die dritte entstammt der Rubrik „Die etwas andere Aufgabe" der Zeitschrift „mathematik lehren" (1999), Heft 97, S. 66, und fand ebenfalls im hessischen SINUS-Programm Verwendung.

Rollende Räder

Svenja hat verschlafen. Sie schwingt sich aufs Rad und saust los. Beim Treten denkt sie: Wären doch meine Räder doppelt so groß, dann wäre ich schon nach der Hälfte der Zeit in der Schule!
Was meinst du dazu?

Brötchen

Jessica kauft in der Bäckerei vier Vollkornbrötchen. Die Verkäufern verlangt dafür 1,69 EURO. Jessica überlegt kurz und sagt: „Sie müssen sich verrechnet haben."
Was meinst du dazu?

CO_2-Emission

Das nebenstehende Diagramm befand sich in der Kundenzeitschrift „Tag und Nacht" 3/1999 der Wetzlarer Stadtwerke. Es soll Kunden zur Umstellung ihrer Heizungsanlage von Heizöl auf Erdgas motivieren.

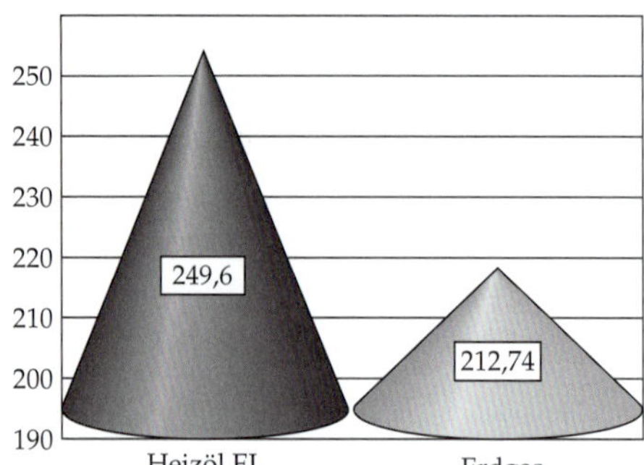

Bisherige Minderung der CO_2-Emission – unter Berücksichtigung gleicher Energieinhalte – in Tonnen pro Jahr durch Brennstoffaustausch bei der Aktion WechselGeld

a) Was meinst du dazu? Um wie viel Prozent ist der Erdgas-Kegel kleiner als der Heizöl-Kegel?

b) Vergleiche mit den angegebenen Zahlen.

c) Versuche eine angemessene Darstellung der Werte mit Kegeln (bzw. mit anderen geometrischen Körpern) zu finden.

Überlegen Sie sich selbst Aufgaben, die mit der einfachen Aufforderung „Was meinst du dazu?" zum Nachdenken, zu mathematischem Arbeiten und Beurteilen einladen.
Halten Sie Ihre Augen offen für Alltagsmaterialien (Zeitungsmeldungen, Werbungen, ...), die Ausgangspunkt für Stellungnahmen mit mathematischem Gehalt sein können. Tauschen Sie derartige Materialien auch mit Ihren Kollegen aus (aber natürlich nicht nur solche).

3.4 Abschätzen

3.4.1 Ein Bild als Ausgangspunkt

Bilder haben im Vergleich zu Text einen hohen Aufforderungscharakter und können auf vielerlei Art zu mathematischen Denken und Arbeiten inspirieren.
Ein Beispiel (nach Herget u. a. 2001, S. 32):

Heißluftballon

Wie viel Luft passt wohl in diesen Heißluftballon?
Erkläre deine Überlegungen.

Foto: Vordemwald

Wir sehen die Parallelen zur PISA-Aufgabe „Fläche eines Kontinents“ (Abschnitt 1.1) und zur „Adenauer-Aufgabe“ (Abschnitt 2.3). Ausgehend von den Personen im Korb, kann man die Maße des Ballons abschätzen. Dann muss man die Ballonform in den Griff bekommen, hierzu gibt es mehrere Wege. Bereits Schüler der sechsten oder siebten Jahrgangsstufe können diese Aufgabe lösen: Sie rechnen „Länge x Breite x Höhe“. Mit mehr Aufwand könnte man den Ballon als Halbkugel mit angesetztem Kegel auffassen, das Ergebnis wird dadurch aber nicht besser.
Hier kommt es auch nur auf den ersten Blick auf das Endergebnis an. Viel wichtiger sind die vielschichtigen Prozesse, die zur Lösung führen: Modellbildungsprozesse. Die Schüler müssen die Situation analysieren, vereinfachen und in die Sprache der Mathematik übersetzen. Sie müssen das gewonnene mathematische Problem mit den ihnen verfügbaren Werkzeugen bearbeiten und ein Ergebnis in der vorliegenden Situation interpretieren. Damit werden ganz fundamentale Arbeitstechniken erlebt und erfahren.
Vor allem gewinnen die Schüler aber auch Mut und Selbstvertrauen, eigenständig ein Problem anzupacken und eigene Wege in der Mathematik zu gehen.

Ausgehend vom Bild des nächsten Beispiels könnten die Schüler sogar ihr eigenes Gebiss vermessen und die Lage ihrer Zähne mit einer Funktion näherungsweise beschreiben. Die

Aufgabe wurde im Rahmen des BLK-Programms SINUS an der Georg-Christoph-Lichtenberg-Schule in Kassel konzipiert:

Gebiss

Versuche, zu dem abgebildeten Gebiss eine Funktion zu finden, die die ungefähre Lage der Zähne beschreibt.

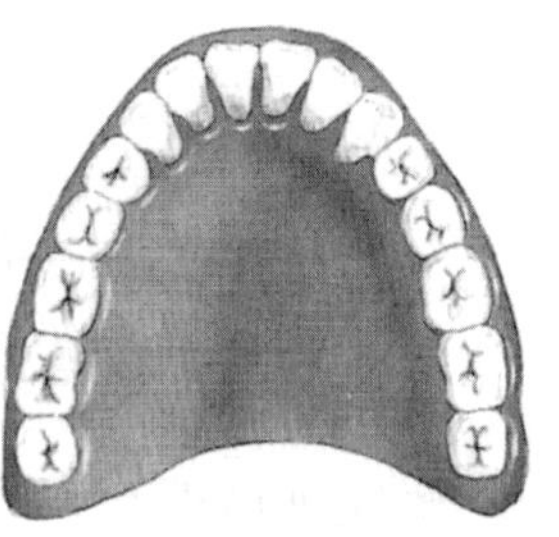

3.4.2 Informationen weglassen

Aufgaben im Fach Mathematik – wie auch in den Naturwissenschaften – sind in der Regel so formuliert, dass sie genau die zur Lösung benötigten Informationen enthalten. Sind mehr Informationen gegeben, verwirrt dies die Schüler, fehlen Informationen, wird die Aufgabe als unlösbar eingestuft.
Es ist klar, dass dies absolut künstliche Situationen sind, die es nur in der Schule gibt. Realistische Probleme sind selten in allen Details definiert.
Ein Beispiel für eine klassische Sachaufgabe:

Ein Parkplatz ist 5000 m² groß. Jeder Stellplatz ist 3 m breit und 5 m lang, 40 % der Fläche werden für Zufahrtswege benötigt.
Wie viele Autos können auf dem Platz parken?

Diese Aufgabe läuft auf die eine Lösung hinaus, die der Aufgabensteller im Hinterkopf hatte. Es kommt vor allem darauf an, die gegebenen Zahlen richtig miteinander zu kombinieren.
Ein Strategie, aus solchen Schulbuchaufgaben offene Situationen zu gewinnen, ist es, Zahlenvorgaben wegzulassen. So entsteht eine Aufgabe, die Teil einer Leistungserhebung in einer 6. Jahrgangsstufe war:

Ein Parkplatz ist ungefähr so groß wie ein Fußballplatz. Wie viele Autos können in etwa darauf parken?
Erkläre deine Überlegungen!

Mit wenig Aufwand haben wir eine offene Aufgabe erhalten, die viel Freiraum für mathematisches Arbeiten bietet. Sie ist sicher nicht leichter als die vorhergehende Aufgabe und fordert ein breiteres Spektrum an Kompetenzen: Die Schüler müssen Bezüge zwischen ihrem Alltagswissen und dem im Mathematikunterricht Gelernten herstellen, sie benötigen angemessene Vorstellungen von Größen, sie müssen Größen abschätzen, Annahmen und Entscheidungen treffen und schließlich rechnen und ihre Überlegungen erklären.
Betrachten wir zum gleichen Themenkreis ein zweites Beispiel aus einem Mathematikbuch für die 6. Jahrgangsstufe:

> Wie viel m^2 Stoff braucht Gisela für eine Tischdecke, die bei einem rechteckigen Tisch der Breite 0,82 m und der Länge 1,13 m auf jeder Seite 15 cm überhängen soll?

Denken wir etwas über diese Aufgabe – mit ihren für den Mathematikunterricht typischen, jedem Lehrer wohl vertrauten Formulierungen – nach:

- Muss man vorgeben, dass die Einheit m^2 lauten soll? Ist sie überhaupt sinnvoll?
- Macht die Vorgabe der Tischmaße die Aufgabe nicht langweilig, haben die Schüler nicht genügend Tische in ihrer direkten Umgebung?
- Dass eine Tischdecke an den Seiten überhängt, wissen die Schüler. Können sie die Größe des Überhangs nicht selbst abschätzen? Welcher Überhang ist eigentlich am schönsten?
- Weisen die Signalwörter „rechteckig", „Breite" und „Länge" die Schüler nicht eindringlich darauf hin: „Hier musst du die Fläche eines Rechtecks berechnen!"? Ist die beschriebene Situation nicht nur nebensächliche Verpackung?

Lassen wir wieder alle Zahlenwerte weg. Es entsteht eine offene, lebendige Aufgabe, die zudem im Bereich des Mathematisierungsprozesses der Situation wesentlich reichhaltiger ist:

> Wie viel Stoff bräuchtest du für eine Tischdecke zu deinem Tisch in der Schule? Erkläre deine Überlegungen mit Skizzen in deinem Heft.

Vielleicht kommt von einem Schüler der berechtigte Einwand, dass ein Ergebnis in m^2 wenig Sinn hat, dass der Stoff etwa von einem 2 m breiten Stoffballen abgeschnitten werden muss. Daraufhin bietet es sich an, zu diskutieren, wie man denn von solch einem Ballen den Stoff abschneiden sollte, wie viel Abfall dabei übrig bleibt, etc.
Offene Aufgaben regen dazu an, bei einem Thema zu verweilen und dieses vielschichtig zu durchdringen. Ein solches „Beschäftigen mit Aufgaben" ist auf lange Sicht weitaus wirkungsvoller als das Abarbeiten voneinander isolierter Kurzaufgaben.
Auch beim nächsten Beispiel sind keine Zahlenwerte gegeben. Es lädt dazu ein, aus dem Alltag wohlvertraute Gegenstände mathematisch zu untersuchen:

Einer CD kann man ansehen, welche Teile beschrieben sind. (Sie wird von innen nach außen beschrieben.) Wann ist eine CD halb voll?

(Diese Aufgabe wurde im Rahmen von SINUS an der Gesamtschule Obersberg, Bad Hersfeld, entwickelt.)

Nehmen Sie ein von Ihnen gegenwärtig verwendetes Schulbuch und suchen Sie Aufgaben, die Sie durch Weglassen von Informationen öffnen können.

3.4.3 Fermi-Fragen

Dem amerikanischen Physik-Nobelpreisträger Enrico Fermi (1901–1954) wird nachgesagt, dass er seine Studenten mit einer speziellen Art von Fragen angeleitet hat, ungewohnte, zunächst unlösbar erscheinende Probleme anzupacken.
Ein Beispiel, das bereits in mehreren Klassen zu eifrigem Abschätzen und Rechnen geführt hat und dessen Ergebnis schon viel Erstaunen hervorgerufen hat:

Haare wachsen sehr langsam. In der heutigen Mathematikstunde wächst jedes Haar auf deinem Kopf ein kleines Stückchen heraus.
Stelle dir alle diese kleinen Stückchen aneinander gelegt vor. Welche Haarlänge wächst insgesamt während dieser Unterrichtstunde aus deinem Kopf heraus?

Die Situation ist leicht verstehbar, besitzt einen engen Bezug zum Alltag, doch man hat nicht die leiseste Ahnung, wie die Antwort lauten könnte. Auch hat man das Gefühl, dass die Informationen nicht ausreichen, um überhaupt eine Lösung zu finden.
Allerdings muss man nur den Mut besitzen, anzufangen, Alltagswissen zu aktivieren, plausible Annahmen zu machen und sich von einer Unter-Frage zur nächsten zu hangeln, z. B.:

- Wie oft gehe ich zum Friseur?
- Welche Haarlänge wird dabei abgeschnitten?
- Wie lang wächst ein Haar pro Stunde?
- Wie viele Haare wachsen auf 1 cm^2 Kopfhaut?
- Welche Fläche bedecken die Haare?
- Wie viele Haare habe ich auf dem Kopf?

Sie können sich vorstellen, dass ein derartiges Beschäftigen mit Mathematik Schülern und Lehrern ausgesprochen Spaß machen kann. Ganz nebenbei wird das Abschätzen, das Rechnen mit Zeiten, Längen und Flächen sowie das Multiplizieren und Dividieren von Dezimalzahlen geübt.

Einige weitere Fermi-Fragen als Anregungen:

- Wie viele Zahnärzte gibt es in Deutschland?
- Wie viele Noten werden an deiner Schule (bzw. in allen deutschen Schulen) pro Jahr erteilt?
- Wie lang hast du in deinem Leben insgesamt schon fern gesehen?
- Wie viel Zeit hast du in deinem bisherigen Leben im Badezimmer verbracht?
- Wie viele Kilometer hast du bislang in deinem Leben insgesamt zurückgelegt?
- Wie viel Trinkwasser wird in Deutschland pro Jahr verbraucht?
- Wie viele Luftballons passen in unser Klassenzimmer?
- Wie lang wird der Streifen, wenn man eine Zahnpastatube ausdrückt?

Hier kommt es für die Schüler auf Kreativität und Phantasie ebenso an, wie auf harte mathematische Arbeit.

Auch in der alltäglich auf uns einströmenden Flut an Informationen finden sich immer wieder Anlässe zum Nachdenken und Abschätzen. Noch ein Beispiel aus der Zeitung (nach Herget/Scholz 1998, S. 135):

Eine Meldung vom 17.05.1997:

200 Kilometer Staus
Zahlreiche Autofahrer in ganz Deutschland haben ihren Pfingsturlaub am Freitag in kilometerlangen Staus begonnen. Insgesamt standen die Blechkarawanen auf 200 Kilometern Länge.

Wie viele Menschen standen an diesem Freitag vor Pfingsten etwa im Stau? Erkläre deine Überlegungen!

Überlegen Sie sich weitere Fermi-Fragen und bearbeiten Sie solche mit Ihren Schülern!

3.5 Aufgaben erfinden

Ein Ausschnitt aus einem Schulbuch für die 8. Jahrgangsstufe:

8. a) $\frac{2x-3y}{2x+3y}-\frac{2x+3y}{2x-3y}+\frac{8x^2+18y^2}{4x^2-9y^2}$

b) $\frac{5a-6b}{4a+4b}-\frac{2a-b}{3a-3b}-\frac{a^2-37ab+28b^2}{12a^2-12b^2}$

c) $\frac{3p^2+1{,}5p-3}{18p^2-8}-\frac{2p+3}{15p+10}-\frac{p-1}{12p-8}$

d) $\frac{2r}{rs-s^2}-\frac{2s}{r^2-rs}+\frac{r+s}{2rs}$

e) $\frac{a^2+b^2}{2ab}-\frac{a}{a+b}-\frac{b}{a-b}+\frac{b^4-a^4+4a^3b}{2(a^3b-ab^3)}$

f) $\frac{1}{z-1}+\frac{1}{z+1}-\frac{2}{z^2-1}-1$

g) $\frac{x+y}{y}-\frac{x-y}{x}-\frac{4xy}{x^2+y^2}$

h) $\frac{1}{p^2-p}-\frac{p^2}{p+1}+\frac{1}{p}-\frac{2}{p^2-1}+p-2$

i) $\frac{3a-2b}{a^2-2ab+b^2}-\frac{2a+3b}{a^2-b^2}$

j) $\frac{m-3}{m+4}-\frac{m^2-9m-3}{m^2+m-12}+\frac{m-5}{m-3}$

k) $\frac{7}{3k}-\frac{5}{k-3}+\frac{3}{k+1}+\frac{1}{k+5}$

l) $\frac{a}{a-b}-\frac{b^2}{a^2+ab+b^2}-\frac{a^2b}{a^3-b^3}$

Rechenaufgaben wie diese haben sicher sinnvolle Funktionen, wenn es darum geht, Rechenroutinen einzuschleifen. Allerdings wäre der Algebraunterricht ausgesprochen sinnentleert, wenn die Schüler immer nur vorgegebene Rechnungen ausführen oder gegebene Gleichungen mittels der gerade aktuellen Kalküle lösen müssten.
Nicht zuletzt die Leistungsstudien wie TIMSS oder PISA haben gezeigt, dass die starke Kalkülorientierung des deutschen Mathematikunterrichts wenig langfristige Wirkung zeigt. Die Schüler trainieren zwar die aktuellen Verfahren und gewinnen ein Gefühl dafür, welche Rechenmethode bei welchem Aufgabentyp von ihnen erwartet wird. Allerdings verfliegen derartige oberflächliche Fertigkeiten sehr schnell und helfen bei ungewohnten Problemen nicht weiter.
Es kommt also auch beim Arbeiten mit Routineaufgaben darauf an, mehr Wert auf mathematisches Grundverständnis zu legen, mathematische Kreativität und Phantasie zu fördern. Doch wie? Durch das Öffnen von Arbeitsaufträgen, etwa dadurch, dass man Schüler Aufgaben variieren (siehe Abschnitt 3.6) oder Aufgaben erfinden lässt. Einige konkrete Beispiele aus dem Bereich Rechnen mit Zahlen und Termen, Lösen von Gleichungen (vgl. auch LEU Stuttgart 2000, S. 48):

Konvergente Formulierung	Offene Formulierung
Berechne 3^5, 6^3, 2^7, 12^2.	Berechne einige Potenzen, die dir gefallen! Berechne einige Potenzen mit einem dreistelligen Wert!
Berechne $12 \cdot 17$.	Bilde Produkte, deren Wert nahe bei 200 liegt.
Berechne $24 \cdot [(9 + 8) : 2]$.	Stelle aus den Zahlen 24, 9, 8 und 5 verschiedene Terme auf und berechne sie. Gib mit diesen Zahlen drei Terme an, bei denen das Ergebnis zwischen 0 und 10 liegt. Finde ebenso drei Terme mit einem Ergebnis zwischen 100 und 110. (Diese Aufgabe wurde im Rahmen von SINUS am Gymnasium Ebingen entwickelt, vgl. LEU Stuttgart 2001, S. 76.) Erfinde Rechenaufgaben mit Klammern.
Löse die Gleichung $7x - 11 = 24$.	Stelle einige Gleichungen mit der Lösung $x = 5$ auf. Stelle Exponentialgleichungen mit der Lösung $x = 5$ auf. Stelle quadratische Gleichungen mit den Lösungen 1 und 5 auf. Beschreibe alle hierzu möglichen quadratischen Gleichungen. Erfinde zur Gleichung $7x - 11 = 24$ eine Textaufgabe.
Löse das Gleichungssystem: (I) $4x - y = 1$ (II) $x + 2y = 7$	Stelle verschiedene lineare Gleichungssysteme auf, die mit dem Additionsverfahren, dem Gleichsetzungsverfahren bzw. dem Einsetzungsverfahren besonders gut lösbar sind (und die Lösungsmenge $\{(1;3)\}$ haben). (vgl. Henn 1999, S. 10)
Ein Hase frisst an 10 Tagen 2 kg 500 g Futter. Wie viel frisst er im Schnitt pro Tag?	Schreibe eine Textaufgabe, in der 2 kg 500 g und 10 Tage vorkommen. Löse dann diese Textaufgabe. (Diese Aufgabe wurde im Rahmen von SINUS am Gymnasium Ebingen entwickelt, vgl. LEU Stuttgart, 2001, S. 75.)

Es ist klar: Weder die linke noch die rechte Spalte allein ist sinnvoll. Wenn die Schüler in ein neues Stoffgebiet eindringen sollen, können durchaus am Anfang einfache Automatisierungsaufgaben stehen. Es wäre aber schade, wenn Übungsphasen nur daraus bestehen, die „Ausrechen-Aufgaben" in ihrer Termstruktur schrittweise komplizierter zu machen. Die Erfahrungen aus dem Schulalltag und die Leistungstests zeigen, dass so erworbene Fertigkeiten nur kurze Zeit wirksam bleiben. Die offenen Formulierungen erfordern einen Wechsel des Standpunkts, stellen sich in gewisser Weise über die konvergenten Aufgaben, indem sie deren Struktur durchleuchten, und fördern mathematische Kreativität und Phantasie. Sie geben Anlass zur Überlegung: „Wie hat denn der Schulbuchautor die Aufgaben im Buch eigentlich gemacht?"

Beispiel: Mathegeschichten

Das Verständnis für die Struktur von Textaufgaben erhöht sich deutlich (und die Scheu vor Textaufgaben reduziert sich), wenn man selbst solche Aufgaben erfindet und löst. Die folgenden „Mathegeschichten" sind im Rahmen von SINUS von Schülern einer 8. Klasse aus Hessen verfasst worden.

Die Backstreet Boys

Die Backstreet Boys waren 1998 zusammen 107 Jahre alt. Kevin war ein Jahr älter als Brian und Howie. Nick war sechs Jahre jünger und A. J. fünf Jahre jünger als Kevin. Wie alt war jeder?

Max der Vergessliche

Max will wissen, wie viel sein Kuli gekostet hat, den er zusammen mit einigen anderen Sachen gekauft hat. Doch er weiß nur noch, dass dieser halb so teuer war wie der Füller. Und der Füller, erinnert er sich, hat 2 DM mehr gekostet als der Stift. Der Stift, das weiß er noch, war so teuer wie das Heft. Das Heft, das Buch und die Mappe haben zusammen 20 DM gekostet. Das Buch war um 4 DM teurer als das Heft. Die Mappe hat 4 DM gekostet.

Der Weihnachtsmann

Der Weihnachtsmann hat an Weihnachten viel zu tun, also hat er einen Helfer. Weihnachtsmann A ist grad in Finnland und will zurück zum Nordpol. Um 19 Uhr startet er seine 1120 km lange Reise mit 25 km/h zum Nordpol. Weihnachtsmann B ist am Nordpol und will in Finnland weiter machen. Er startet auch um 19 Uhr und fährt mit 35 km/h. Wann treffen sie sich?

Der Marathon-Lauf

Vor einer Woche hat in Berlin ein großer Marathon-Lauf von 500 Menschen stattgefunden. Der Startschuss fiel um 16.00 Uhr. Um diese Uhrzeit mussten alle Läufer am Start stehen. Obwohl ein Läufer noch nicht da war, hat der Lauf ohne ihn begonnen. Alle Läufer liefen 5 km/h. Am Ziel erwartete den Gewinner eine Summe von 5000 DM. Doch plötzlich, nach einer Viertelstunde, kam der fehlende Läufer. Ihm wurde in letzter Sekunde noch erlaubt mitzulaufen, nämlich 7 km/h. Wie lange dauerte es, bis er die anderen 499 eingeholt hatte?

Ein Lehrer aus dem BLK-Modellversuch SINUS beschreibt seine Unterrichtserfahrung hierzu (Universität Kassel 2003):

„Wenn man Schüler selbst Aufgaben erfinden lässt, stellt sich natürlich das Problem der Ergebnissicherung. Bewährt hat sich u. a. folgende Methode: Die Schüler sollen ihre Aufgabe (mit Namen) auf eine Postkarte und die Lösung auf eine zweite Karte schreiben (verschiedene Farben verwenden und die Karten nummerieren). Der Lehrer kopiert diese Karten (jeweils vier auf ein DIN-A4 Blatt; Rand vorgeben) und erstellt so ein kleines Mathebuch. Die Schüler bearbeiten Aufgaben ihrer Interessen und können die Lösungen beim Autor einfordern bzw. in einer Kartei nachschlagen oder man macht aus den Postkarten eine Kartei (sowie eine Kartei mit Lösungen), die in der freien Arbeit durchgearbeitet werden kann."

Überlegen Sie, wie Sie Ihre Schüler dazu bringen können, Aufgaben für den aktuellen Unterricht zu erfinden.

3.6 Aufgaben variieren

Das Beschäftigen mit Aufgaben läuft in der gängigen Unterrichtspraxis oft derart ab, dass die in den Schulbüchern zu findenden „Aufgabenplantagen" Nummer für Nummer abgearbeitet werden. Ist das Rechenergebnis ermittelt, wird zur nächsten Aufgabe weitergegangen. Zum „Einschleifen" von Rechenroutinen mag dies zweckmäßig sein. Problematisch wird es allerdings, wenn derart kurzfristige Auseinandersetzungen mit Aufgabenstellungen im Mathematikunterricht dominieren. Die Unterrichtspraxis zeigt, dass das so erworbene Wissen wenig langfristige Wirkung besitzt und zudem in Transfersituationen kaum gewinnbringend nutzbar ist.

An die Stelle des bloßen Abarbeitens von Aufgaben muss ein intensives Beschäftigen mit Problemkontexten treten. Dies kann etwa dadurch initiiert werden, dass nach der Ergebnisfindung regelmäßig Fragen gestellt werden wie (vgl. auch Baptist 1998):

- Was war das Kernproblem der Aufgabe?
- Welche Strategien haben wir verfolgt?
- Wie lässt sich das Ergebnis zusammenfassen?
- Welche Bedeutung und welche Konsequenzen hat das Resultat?
- Wie lässt sich die Aufgabe in unser bisheriges Wissen einordnen?
- Was sollte man sich merken?
- Gibt es alternative Lösungswege?
- Wie lässt sich die Aufgabenstellung erweitern, verallgemeinern, variieren?

Zum letzten Aspekt:
Eine bewährte Strategie, um neue (nicht nur) mathematische Erkenntnisse zu gewinnen, ist es, von Bekanntem auszugehen, dies zu variieren und zu prüfen, ob sich in der veränderten Situation interessante Dinge ergeben. Im Mathematikunterricht können etwa bekannte Sachverhalte oder herkömmliche Schulbuchaufgaben als Keime für eine Vielfalt von Variationen dienen.
Sehen wir uns zunächst einige Beispiele an, bevor wir uns anschließend Gedanken zur Umsetzung im Unterricht machen. (Die beiden ersten Beispiele sind Schupp, 2002, entnommen.)

Initialaufgabe: Abstandsmenge

Zeichne alle Punkte, die von einer gegebenen Geraden den Abstand 2 cm haben.

Wir variieren die Aufgabenstellung:
a) Zeichne alle Punkte, die von einer gegebenen *Strecke* den Abstand 2 cm haben.
b) … die von einem gegebenen *Punkt* den Abstand 2 cm haben.
c) … die von einem gegebenen *Kreis* den Abstand 2 cm haben.
d) … die von einem gegebenen *Quadrat* den Abstand 2 cm haben.
e) … die von einem gegebenen *Geradenpaar* den Abstand 2 cm haben.
f) … die von zwei gegebenen *Punkten* den Abstand 2 cm haben.
g) … die von zwei gegebenen *Punkten denselben Abstand* haben.
h) … die von zwei gegebenen *Geraden denselben Abstand* haben.
i) … die von zwei gegebenen *Strecken denselben Abstand* haben.
j) Bestimme alle Geraden, die von zwei gegebenen Punkten denselben Abstand haben.
k) Bestimme alle Geraden, die von drei gegebenen Punkten denselben Abstand haben.
l) Bestimme alle Ebenen im Raum, die von zwei gegebenen Punkten denselben Abstand haben.
m) Bestimme alle Kreise, die von zwei gegebenen Punkten denselben Abstand haben.
n) Bestimme alle Punkte im Raum, die von einer gegebenen Geraden den Abstand 2 cm haben.
o) Welches ist die Menge aller Punkte, die von einem Würfel den Abstand 2 cm haben?
p) …

Diese Liste an Variationen ließe sich noch lange fortsetzen. Die hier vorgeschlagenen Variationen sollen Ihnen nur ein erstes Gefühl dafür geben, was Variieren bedeutet. Eigentlich ist es Sache des Bearbeiters einer Aufgabe, sich ausgehend vom angesprochenen Themenfeld eigenständig Fragestellungen zu überlegen.

Initialaufgabe: Ausrechenaufgabe

Berechne: $3\frac{1}{4} - 4\frac{1}{2} + 2\frac{1}{2} - 5\frac{1}{3}$

Variationen:
a) Ändert sich das Ergebnis, wenn man Klammern setzt?
b) Wie viele verschiedene Klammersetzungen sind möglich, wie viele verschiedene Ergebnisse werden dadurch erreicht?
c) Wie muss sich die erste (zweite, dritte, vierte) Zahl ändern, damit sich als Summe 0 (eine positive Zahl) ergibt?
d) Was ergibt sich, wenn man die Bruchteile vernachlässigt?
e) Was ergibt sich, wenn man nur die Bruchteile berücksichtigt?
f) Was ändert sich, wenn man zwei Zahlen vertauscht?
g) Wie kann man die Ausgangsaufgabe schwieriger (leichter) machen?
h) Was ändert sich, wenn man das mittlere Pluszeichen durch ein Minus-, Mal- bzw. Geteilt-durch-Zeichen ersetzt?
i) Gib vier andere Zahlen an, deren Summe den gleichen Wert liefert.
j) Erfinde eine Geschichte zur Aufgabe.
k) …

Hier zeigt sich exemplarisch, dass eine mehr oder minder trostlose Plantagenaufgabe durch Variieren interessant und aufschlussreich werden kann und dabei das intendierte Üben unter der Hand mitgeleistet wird.
Vielfältige Querverbindungen im geometrischen Wissen der Schüler können mit folgender Aufgabe entstehen:

> *„Ein Viereck mit vier rechten Winkeln ist ein Rechteck."*
> Variiere diesen Satz in möglichst vielfältiger Hinsicht und stelle auf diese Weise neue wahre Aussagen auf.

Was bedeutet nun Variieren? Es geht jeweils darum, jeden der tragenden Begriffe bzw. der mathematischen Objekte einer bekannten Aussage oder einer vorgegebenen Aufgabe abzuändern. Hier sind mathematische Phantasie und mathematisches Vorwissen gleichermaßen gefragt!
Die Ideen sind zu ordnen, zu bewerten und auf ihre Machbarkeit hin zu untersuchen. Manche Variationen werden sich als nicht sinnvoll, falsch oder zu schwierig erweisen. Auf diese Weise ergeben sich selbst gestellte Probleme, die der ursprünglichen Aufgabe entwachsen sind und diese in vielfältige Richtungen weiterführen. Zum Lösen eines solchen Problembündels kann sich arbeitsteiliges Vorgehen anbieten. Einen sinnvollen Abschluss erhält eine Unterrichtseinheit dieser Art allerdings erst dann, wenn die Ergebnisse zusammenfassend dargestellt und gewertet und dabei exemplarisch Strategien mathematischen Arbeitens verdeutlicht werden.
Wenn man ein Problemfeld in dieser Weise von vielen verschiedenen Seiten beleuchtet und durchdringt, vielfältige Bezüge zum eigenen Vorwissen schafft, lernt man sicher mehr an mathematischem Denken und an kreativem Umgang mit Mathematik, als durch Abarbeiten voneinander isolierter, kurzschrittig formulierter Einzelaufgaben.
Noch ein Beispiel für die Oberstufe, die Teilaufgaben a) und b) finden sich so oder so ähnlich in vielen Analysisbüchern:

Rechtecke und Zylinder mit Variation

a) Diskutiere die Funktion $f(x) = \frac{1}{x^2+1}$, $x \in \mathbb{R}$.

b) In die Fläche zwischen dem Graphen von *f* und der x-Achse werden zur y-Achse symmetrische Rechtecke gezeichnet, deren Eckpunkte auf der x-Achse bzw. dem Graphen liegen.
Wie hängt der Flächeninhalt dieser Rechtecke von ihrer Form ab?
Welches Rechteck hat die größte Fläche?

c) Wenn die Rechtecke aus b) um die y-Achse rotieren, entstehen Zylinder.
Wie hängt das Volumen dieser Zylinder mit ihrer Form zusammen?
Welcher Zylinder hat das größte Volumen?

d) Variiere deine Überlegungen aus a) – c), indem du etwa
- eine andere Funktion *f* wählst,
- Dreiecke statt Rechtecke betrachtest,
- die Figuren um die x-Achse rotieren lässt,
- ...

Anmerkungen zur Aufgabe
In Teil b) gibt es ein größtes Rechteck, nämlich das mit der Breite 2. In c) dagegen existiert kein größter Zylinder! Mit zunehmendem Durchmesser wächst das Volumen der Zylinder streng monoton zwischen 0 und π. Nun zu Variationen:
Bei der Wahl einer anderen Funktion kann die Situation ganz anders aussehen. Wählt man etwa $f(x) = \left|\frac{1}{x}\right|$, haben alle Rechtecke die gleiche Fläche, das Volumen der Zylinder ist direkt proportional zu deren Durchmesser.
Man könnte bei der gegebenen Funktion den Exponenten von x variieren und etwa $f(x) = \frac{1}{x^4+1}$ betrachten. Der Graph der Funktion sieht dann ähnlich aus. Es gibt ein maximales Rechteck und einen maximalen Zylinder, wobei der größte Zylinder aber natürlich nicht dadurch entsteht, dass das größte Rechteck rotiert.
Man könnte als Funktion die Kosinusfunktion betrachten. Dann stößt man auf trigonometrische Gleichungen, zu deren Lösung Näherungsverfahren nötig sind.

Möglicher Unterrichtsverlauf
H. Schupp empfiehlt für das konkrete Variieren im Unterricht folgende – idealtypisch zu verstehende – Schritte (vgl. Schupp 1999):

- Vorgabe der Einstiegsaufgabe,
- Lösen dieser Aufgabe, nach Möglichkeit auf mehreren Wegen.

Bis hierhin verläuft der Unterricht durchaus traditionell. Wird die Einstiegsaufgabe auf unterschiedlichen Lösungswegen bearbeitet, erhöht dies erfahrungsgemäß anschließend die Variationsbreite.

- Aufforderung zum Variieren,
- bewusst unkommentiertes Sammeln der Vorschläge.

In dieser Phase des „brain-stormings" wird an der Einstiegsaufgabe „gewackelt", die Ideen werden etwa an der Tafel gesammelt. Dabei hält sich die Lehrkraft mit Kommentaren und Bemerkungen zurück, lässt Schülerreaktionen aber natürlich zu, sofern sie nicht verletzend sind.

- Gemeinsames Bewerten, Strukturieren und Ordnen der Vorschläge.

Gemeinsam werden die Ideen inhaltlich bewertet. Dies kann anhand von Fragen geschehen wie: Was ist unsinnig? Was ist leicht, schwer, zu schwierig für uns? Welchen Ideen gehen wir nach? Was machen wir zuerst? Was dann? Was heben wir uns bis zum Schluss auf? Auf diese Weise entsteht ein Plan für das weitere Arbeiten.

- Versuch des Lösens ausgewählter Vorschläge.

Für die Bearbeitung der Variationen können recht unterschiedliche Sozialformen angemessen sein. Bei einem breiten Aufgabenspektrum bietet sich insbesondere arbeitsteiliges Herangehen in Gruppen an.

- Vorstellen der Lösungen,
- evtl. weitere Variationsvorschläge,
- evtl. Gesamtdarstellung aller Bemühungen.

Selbstverständlich mag eine Variationseinheit auch ganz anders verlaufen. Das Variieren *sollte* sogar anders geplant werden, wenn in einer Lerngruppe gewisse Arbeitsvoraussetzungen (argumentieren, einander zuhören, sich über einen größeren Stundenabschnitt hinweg konzentrieren können) nicht oder noch nicht gegeben sind. Dann empfiehlt sich ein eher „sanfter" Einstieg: Der Lehrer führt hin und wieder explizit eine einzelne Variation (nicht die zugehörige Lösung) vor, damit die Schüler ein Gefühl für das Variieren gewinnen. So kann man allmählich zur ausgereiften Form hinfinden.
Eine umfassende Darstellung und Diskussion des Themas „Variieren im Mathematikunterricht" mitsamt zahlreicher Beispiele finden Sie in den im Literaturverzeichnis angegebenen Veröffentlichungen von Hans Schupp. Dort werden auch die folgenden Einwände diskutiert:

Einwand: „Das kostet leider zu viel Zeit."
Hierbei wird übersehen, dass das Variieren dem Unterricht nicht einfach nur hinzugefügt wird, sondern dass es ein ganz natürlicher Teil desselben ist. Variieren hat manchmal einführenden, häufig wiederholenden, immer aber übenden Charakter.
An die Stelle des Abarbeitens von Aufgaben tritt ein intensives Beschäftigen mit Aufgaben.

Einwand: „Das ist nicht neu! Ein erfahrener Lehrer hat immer schon variiert."
Sicher richtig. Aber: Es war eben der Lehrer, der gewisse Varianten einer Ausgangskonstellation in seine Planung aufnahm. Seine Schüler durften diese Varianten lediglich lösen, die so schließlich doch wie linear aneinander gefügte Aufgaben wirkten.

Ganz entscheidend ist bei der hier intendierten Arbeitsform, dass die Schüler die Variationen selbst komponieren. Für die Schüler besteht so die Chance, sich im alltäglichen Mathematikunterricht selbstbestimmt ein kleines Forschungsfeld einzurichten.

1) „Addieren Sie drei aufeinander folgende natürliche Zahlen. Was fällt Ihnen auf?" Lösen und variieren Sie diese Aufgabe. Sie sollten mindestens fünf verschiedene Varianten finden (vgl. Schupp 1999).

2) Schlagen Sie ein Schulbuch auf, suchen Sie sich eine Aufgabe aus und variieren Sie diese.

3) Probieren Sie das Variieren mit Ihren Schülern aus. Das obige Verlaufsschema kann Ihnen als Anhaltspunkt dienen.

4. Großformen von EVA – Lernen selbst organisieren

In diesem Kapitel stehen mit Lernzirkeln und Projekten Unterrichtsformen im Blickfeld, die Schülern über einen längeren Zeitraum hinweg eigenverantwortliches und selbstorganisiertes Arbeiten, ein Lernen auf eigenen Wegen ermöglichen.

Der Schwerpunkt der beiden vorhergehenden Kapitel lag auf eigenverantwortlichem Arbeiten (EVA) in „kleinen" alltäglichen Unterrichtssituationen. Mit Veränderungen von Aufgabenstellungen haben wir in der Praxis leicht gangbare Wege gefunden, die den Schülern Freiräume für selbstständiges mathematisches Denken und Arbeiten eröffnen. Die zu Grunde liegenden Unterrichtsabschnitte umfassten meist nicht mehr als eine Unterrichtsstunde. Um die Schüler an Eigenverantwortung (und den Lehrer an das damit verbundene „Loslassen") zu gewöhnen, erscheinen derart „kleine" Schritte praktikabel und zugleich ausgesprochen wirkungsvoll.
Wenden wir uns nun größeren Formen eigenverantwortlichen Arbeitens zu, wobei wir uns aufgrund des zur Verfügung stehenden Rahmens stark beschränken müssen. Wir sprechen exemplarisch Lernzirkel und Unterrichtsprojekte an, da diese hohe unterrichtspraktische Bedeutung besitzen, behalten dabei aber im Hinterkopf, dass man über beide Themen eigene Bücher schreiben könnte (z. B. Frey 2002 oder Akademie für Lehrerfortbildung und Personalführung 2003).

4.1 Lernzirkel und Stationenlernen

Im Rahmen von Lernzirkeln erhalten die Schüler in voneinander abgegrenzten Stationen Aufgabenstellungen und Arbeitsaufträge, mit denen sie sich selbstständig und eigenverantwortlich befassen können. Die beiden Begriffe „Lernzirkel" und „Stationenlernen" werden in der Literatur teils synonym gebraucht, teils wird mit dem ersteren betont, dass die Stationen in einer vorgegebenen Reihenfolge stehen.
Betrachten wir zunächst zwei Beispiele, bevor wir uns mit allgemeinen Fragen des Einsatzes von Lernzirkeln im Mathematikunterricht befassen. Die erste Aufgabegruppe stammt aus einem Lernzirkel zur Erarbeitung des Themas „Kreismessung".

Station 2	Kreisumfang – Einführung	Schwierigkeit: xx

In dieser Station stehen dir verschiedene runde Gegenstände (Eimer, Dosen, Teller, Untertassen, Gläser, CDs, Schallplatten, Münzen) und ein Maßband zur Verfügung.

a) Miss von den Gegenständen jeweils den Umfang U und den Durchmesser d. Trage die Werte in eine Tabelle ein. Fällt dir etwas auf?

b) Stelle deine Messwerte in einem Koordinatensystem dar.

c) Berechne bei deinen Messwert-Paaren jeweils den Quotienten $\frac{U}{d}$.
Was kannst du über den Zusammenhang zwischen dem Umfang U und dem Durchmesser d aussagen? Schreibe deine Überlegungen in dein Heft.

U

d

Das zweite Beispiel zeigt einen Ausschnitt aus einem Lernzirkel zum Thema „Prozente und Diagramme". Er dient vor allem der Anwendung und Vertiefung von Gelerntem.

Station 4	Diagramme	Schwierigkeit: xx

1. Die Schülerzeitung FUZZI stellt in einer Umfrage fest, dass alle Schüler des Friedrich-Uzzendorfer-Gymnasiums zusammen im Oktober 13495 € Taschengeld bekamen. Davon wurden 1824 € für Süßigkeiten, 2106 € für Kleidung, 1330 € für Arbeitsmaterialien, 4190 € für die Freizeitgestaltung und 2563 € für Sonstiges ausgegeben. Der Rest wurde gespart.
   Veranschauliche die Situation in einem Kreisdiagramm.

2. In einem 250 g-Becher Joghurt sind 9,25 g Eiweiß, 16,5 g Kohlenhydrate und 7,75 g Fett enthalten.
   a) Gib die Anteile an Eiweiß, Kohlenhydraten und Fett in Prozent an.
   b) Stelle die Zusammensetzung des Joghurts in einem Diagramm dar.
   c) Welche weiteren Bestandteile enthält der Joghurt? Welche Masse haben diese zusammen?

(Die Aufgaben stammen aus SMART, vgl. Abschnitt 5.3.)

Wie lassen sich derartige Freiarbeitsmaterialien in der Unterrichtspraxis nutzen? Einige Schlaglichter:

- **Funktion im Unterrichtsverlauf:** Lernzirkel eignen sich einerseits zur Erarbeitung neuer Inhalte (siehe erstes Beispiel) – insbesondere immer dann, wenn es unterschiedliche Zugänge zu einem Stoffgebiet gibt, die sich in verschiedenen Stationen widerspiegeln können. Im Rahmen einzelner Stationen können den Schülern Anschauungsgegenstände und Medien zum „Begreifen" neuer Inhalte auf enaktiver Ebene an die Hand gegeben werden.
  Lernzirkel bieten sich andererseits aber auch für Übungsphasen an, in denen die Schüler vor allem behandelte Inhalte einüben, wiederholen, vertiefen und anwenden (siehe zweites Beispiel). Wir werden auf die wiederholende Funktion von Lernzirkeln in Abschnitt 5.3 zurückkommen.

- **Bereitstellung der Materialien:** Die Schüler erhalten ihre Aufgabenstellungen und Arbeitsaufträge schriftlich. Je nach Umfang und Charakter des Lernzirkels kann es sinnvoll sein, jedem Schüler die Aufgaben aller Stationen als Kopien auszuteilen oder nur einige Exemplare des gesamten Lernzirkels etwa in Klarsichthüllen, auf Karteikarten oder laminiert der Klasse zur Verfügung zu stellen. Bei letzterem Weg lassen sich zwei Organisationsformen unterscheiden: Entweder werden im Klassenzimmer feste Lernstationen eingerichtet, zwischen denen die Schüler wandern, oder es werden die Materialien an zentraler Stelle bereitgelegt und die Schüler holen sie sich an ihre (Gruppen-)Arbeitstische.

- **Lösungskontrolle:** Damit die Schüler ihr Arbeiten eigenständig kontrollieren und verbessern können, bietet es sich an, ihnen Lösungen zu den Aufgaben zugänglich zu machen. Diese können etwa im Klassenzimmer ausgehängt oder am Lehrerpult ausgelegt werden. Das Aushängen im Klassenzimmer besitzt den Vorteil, dass die Schüler auch außerhalb der Mathematikstunden ihre Ergebnisse kontrollieren können. Ein anderer Weg besteht darin, den Schülern die Aufgaben samt Lösungen als Einheit (z. B. auf der Vorder- bzw. Rückseite einer Karteikarte) an die Hand zu geben.
  Bei einfachen Rechenaufgaben ist ein schneller Zugriff zur Lösung von Vorteil, er ermöglicht unmittelbare Rückmeldung über den Erfolg des Arbeitens. Bei komplexeren Problemen, die die Entwicklung umfassenderer Lösungsstrategien erfordern, birgt ein verfrühter Blick auf eine Lösung die Gefahr, dass entscheidende Gedanken einfach übernommen und dadurch die Schwierigkeit und das Potential einer Station beträchtlich gemindert werden.
  In jedem Fall wird ein erheblicher Teil der Verantwortung für das Lernen von der Lehrkraft auf die Schüler übertragen.

- **Laufzettel:** Bei umfangreichen Lernzirkeln ist es sinnvoll, den Schülern einen Laufzettel an die Hand zu geben, der einen Überblick über den Aufbau des Lernzirkels und die einzelnen Stationen bietet und auf dem die Schüler notieren, welche Stationen sie bereits erledigt haben. Damit wird für die Schüler (wie auch die Lehrkraft) jeweils der aktuelle Stand der Arbeit sichtbar.

- **Binnendifferenzierung:** Lernzirkel bieten eine gute Möglichkeit, um die Unterschiedlichkeit der Schüler hinsichtlich ihres Leistungsvermögens und ihres Arbeitstempos zu berücksichtigen. Die Schüler arbeiten eigenständig und bestimmen dabei ihr Lerntempo weitgehend selbst. Neben Pflichtstationen, die sich an alle Schüler wenden, sollte ein Lernzirkel auch Stationen mit höheren Anforderungen enthalten, um schnellere und leistungsfähigere Schüler adäquat zu fördern.

- **Zeitplanung:** Bei der Arbeit sind die Schüler insbesondere gefordert, den ihnen zur Verfügung stehenden Zeitrahmen sinnvoll einzuteilen und zu nutzen und dabei immer wieder zu überprüfen, ob sie ihren eigenen Zeitplan auch einhalten. Dies sind Notwendigkeiten, mit denen sich Schüler üblicherweise im Mathematikunterricht nur wenig konfrontiert sehen, derartige Fähigkeiten sind aber gerade für eigenständiges Erschließen größerer Zusammenhänge von immenser Bedeutung.

- **Rolle der Lehrkraft:** Der Lehrer hält sich in derartigen Unterrichtsformen sehr zurück, steht aber als Berater zur Verfügung. Erfahrungsgemäß sind solche Unterrichtsphasen für den Lehrer relativ entspannend, ist er doch vom ständigen Organisieren und „Geben-Müssen" weitgehend befreit.
  Allerdings bedarf es natürlich intensiver Vorbereitungszeit, um etwa einen gut durchdachten Lernzirkel auszuarbeiten. Hier sollte der kollegiale Austausch – auch schul(art)übergreifend – ausgiebig genutzt werden.

- **Tipp:** Die Akademie für Lehrerfortbildung und Personalführung in Dillingen hat eine Handreichung mit CD herausgegeben, die eine Fülle von Lernzirkeln und anderen Freiarbeitsmaterialien für den Mathematikunterricht der Sekundarstufe enthält (siehe Literaturverzeichnis). Die Materialien liegen nach Jahrgangsstufen und Themenbereichen gegliedert in digitaler Form auf CD vor und lassen sich individuellen Vorstellungen anpassen.
  Es kann sich auch durchaus lohnen, Internet-Suchmaschinen auf den Begriff „Lernzirkel" anzusetzen.

4.2 Projektarbeit

Unterrichtsprojekte sind sicher die anspruchsvollste, aber gleichzeitig ertragreichste Form eigenverantwortlichen Arbeitens. Anspruchsvoll sind sie deshalb, weil sie auf Schülerseite bereits ein hohes Maß an Methodenkompetenz, Selbstmanagement und Sozialkompetenz voraussetzen, sollen sie nicht zu einem lehrerzentrierten Lehrgang entarten, bei dem letztendlich doch der Lehrer plant, strukturiert, organisiert, Materialien beschafft und bearbeitet oder gar Ergebnisse produziert und präsentiert.

Allerdings sind Unterrichtsprojekte auch ausgesprochen gewinnbringend, nicht nur, weil sie viel Freiraum für Eigeninitiative, Kreativität, gestalterisches Wirken, Selbstständigkeit, Eigenverantwortung und Kooperation bieten (und entsprechende Kompetenzen

intensiv fördern), sondern auch, weil sie den organisatorischen Rahmen schaffen, um interessanten, auch unkonventionellen Fragen nachzugehen.
In der Literatur gibt es verschiedene Phasenmodelle, die den Ablauf eines Projekts gliedern. Für Projekte im Mathematikunterricht erscheinen vor allem folgende Etappen sinnvoll:

(1) **Planungs- und Vorbereitungsphase:** Am Anfang eines Projekts steht eine Idee, die Projektinitiative. Im Idealfall entwickelt sich diese organisch aus dem Unterricht, als Fragestellung, die alle Beteiligten spontan untersuchen möchten. In der Praxis wird gelegentlich wohl die Lehrkraft – vielleicht eine Idee der Schüler aufgreifend – den Anfangsimpuls für ein Unterrichtsprojekt geben müssen.
Im Zuge der Planungsphase sind zunächst erste, spontane Ideen zu sammeln, zu ordnen und auszuwerten. Dabei kristallisieren sich Projektziele heraus, Wege zum Erreichen dieser Ziele werden in der Klassengemeinschaft diskutiert. Die Planungen sollten dabei so ausführlich sein, dass sie später effizientes Arbeiten ermöglichen, sie sollten aber auch genügend Freiraum für die Spontaneität der Schüler lassen. Unter Umständen werden einige Ziele während der Projektarbeit umformuliert bzw. sogar aufgegeben oder durch neue Ziele ersetzt.
Im Zusammenhang mit diesen Planungen erweist es sich in der Regel als sinnvoll, Arbeitsgruppen einzurichten, um komplexe Probleme arbeitsteilig anzugehen. Des Weiteren ist auch der zeitliche Rahmen des Projekts festzulegen, eine Aufgabe, die in der schulischen Realität angesichts äußerer Zwänge vor allem der Lehrkraft zukommt. Insgesamt ist es aber gerade ein Kennzeichen der Projektarbeit, dass die Schüler bereits bei der Planung der Aktivitäten mitsamt der Formulierung der Arbeitsziele und der Festlegung der Arbeitsmethoden ein größtmögliches Maß an Eigenverantwortung übernehmen und ihr Vorgehen möglichst selbstständig organisieren.

(2) **Realisierungsphase:** Diese Phase ist das Kernstück der Projektarbeit. Es geht darum, die anfänglichen Planungen umzusetzen. Da sich hierbei die Kenntnisse, Einsichten und Kompetenzen der Schüler noch erweitern, gilt es, gelegentliche Phasen der Reflexion des Vorgehens einzurichten, bei denen die Schüler ihr eigenes Tun überdenken und infolgedessen die Planung sowie die gesteckten Ziele gegebenenfalls variieren bzw. korrigieren. Handelt es sich bei dem Projekt um ein längerfristiges Vorhaben, so ist es sinnvoll, im Projektverlauf regelmäßig Fixpunkte als „organisatorische Schaltstellen" (Frey 2002) zu setzen, bei denen sich die Schüler den Stand des Arbeitens angesichts des Gesamtvorhabens vergegenwärtigen, sie sich gegenseitig über ihre Tätigkeiten informieren und sie die weiteren Schritte organisieren.
Erkennt die Lehrkraft, dass das Projekt „läuft", so sollte sie aus dem Geschehen soweit wie möglich zurücktreten und nur auf Wunsch als Berater zur Verfügung stehen. Zentrales Anliegen der Projektarbeit ist es, den Schülern selbstorganisiertes, eigenverantwortliches und kooperatives Arbeiten, ein Lernen auf eigenen Wegen, zu ermöglichen.

(3) **Präsentationsphase:** Charakteristisch für Unterrichtsprojekte ist es, dass die Arbeit auf ein Produkt oder ein Ziel hin orientiert ist. Konnte die Realisierungsphase zu einem befriedigendem Abschluss gebracht werden, so erscheint es ausgesprochen sinnvoll,

das Ergebnis der Projektarbeit einer größeren Gruppe zu präsentieren. In der Schule kann eine solche Veröffentlichungsphase etwa darin bestehen, dass die erarbeiteten Resultate einer Parallelklasse, der gesamten Schulgemeinschaft oder einer größeren Öffentlichkeit außerhalb der Schule präsentiert werden. Auch eine Zusammenarbeit mit der Presse oder lokalen Rundfunksendern kann sich hier anbieten.
Eine solche Präsentation dient dazu, die Bemühungen der Schüler adäquat zu würdigen und ihnen Anerkennung zu verschaffen. Dadurch können die Schüler ihre eigene Arbeit als sinnvoll und wertvoll erfahren. Aber auch bereits während der Realisierungsphase kann der Gedanke an eine Veröffentlichung der Projektergebnisse ausgesprochen motivierend wirken. Darüber hinaus bieten derartige Präsentationen eine wirkungsvolle Möglichkeit, die Mathematik im Schulleben sichtbarer werden zu lassen, sie aus dem „Elfenbeinturm" des Klassenzimmers herauszuholen und sie über den Unterricht hinaus wirken zu lassen. Dies trägt nicht zuletzt dazu bei, das Bild der Mathematik und die Wertschätzung dieses Faches in der Klasse, in der Schulgemeinschaft, im Elternhaus und damit auch in der Gesellschaft zu verbessern.

(4) **Evaluationsphase:** Evaluation von schulischen Unterrichtsprojekten hat in den Regel den Charakter einer „Manöverkritik". Es wird Rückschau auf die bisherigen Tätigkeiten gehalten, diese werden reflektiert und beurteilt. Dabei wird geprüft, inwieweit die gesteckten Ziele erreicht wurden, es werden aber auch die gewählten Wege zu diesen Zielen analysiert. Aus der Distanz wird darüber nachgedacht, inwiefern das Vorgehen zweckmäßig war bzw. wo Verbesserungsmöglichkeiten bestünden. Dazu erscheinen Diskussionen im Klassenteam in Kombination mit schriftlichen Äußerungen der Schüler (z. B. auf Fragebogen) zweckmäßig. Diese kritische Reflexion der Projektarbeit, die Auseinandersetzung mit dem Abgelaufenen, trägt dazu bei, „aus einfachem Tun bildendes Tun zu machen" (Frey 2002).

Willkürlich zusammengestellte Themen für mögliche Projekte im Mathematikunterricht – die Ihnen hier nur als Anregung dienen sollen – wären etwa:
- Rund um den Kreis
- Pyramiden
- Pythagoras
- Parabeln
- Messen im Gelände
- Die Erde aus Sicht der Mathematik
- Die Oberfläche des Schulhauses
- Bedeutende Mathematiker
- Mathematik und Kunst
- Fraktale – Schönheit und Chaos in der Mathematik
- Welche Verpackung ist optimal?
- Wie lässt sich der Schulbusverkehr optimieren?
- Bei welchen Eintrittspreisen erzielt das städtische Freibad den größten Gewinn?

Eine persönliche Erfahrung: Pro Schuljahr mit ein oder zwei Klassen ein größeres Unterrichtsprojekt durchzuführen, erscheint angesichts der schulischen Rahmenbedingungen realistisch. Zudem ist festzustellen, dass auch nicht jede Klasse hinsichtlich ihres Potenzials und ihrer Kompetenzen (schon) zu sinnvoller Projektarbeit fähig ist.

Unterrichtsprojekt „Messen im Gelände" – ein Beispiel
In der 10. Jahrgangsstufe bietet sich das Thema „Messen im Gelände" in besonderer Weise an, um die Schüler den Nutzen der Trigonometrie außerhalb der Schule erfahren zu lassen. Der folgende Artikel aus der Zeitung „Fränkischer Tag" beschreibt ein entsprechendes Unterrichtsprojekt am Ehrenbürg-Gymnasium Forchheim:

Mathematikunterricht unter freiem Himmel
Schüler des Ehrenbürg-Gymnasiums führten ein Projekt zur Vermessung durch

Forchheim. In einem dreiwöchigen Projekt befassten sich die Schüler der Klasse 10a des Ehrenbürg-Gymnasiums mit der Frage, wie das Vermessen im Gelände vor sich geht.

Sie stellten sich zunächst konkrete Aufgaben. So fragten sie sich etwa, wie weit der Turm der Martinskirche vom Schornstein der 4P-Folienfabrik entfernt ist, wie hoch der McDonald's-Turm im Forchheimer Süden ist, wie hoch das Walberla über Kirchehrenbach aufsteigt oder wie weit die Vexierkapelle Reifenberg über dem Wiesenttal liegt.

Danach war harte mathematische Arbeit notwendig. Die Schüler mussten Verfahren entwickeln, mit denen diese unbekannten Entfernungen durch geschicktes Messen von Winkeln zu berechnen sind. Hierbei konnten sie erkennen, dass sich ihre Mühen während des Schuljahres gelohnt hatten und dass man Sinus und Kosinus auch außerhalb der Schule gebrauchen kann.

Nach dieser theoretischen Vorarbeit wurde der Mathematikunterricht ins Freie verlegt. Im Rahmen zahlreicher Exkursionen in die nähere Umgebung konnten die Schüler alle selbst gestellten Vermessungsprobleme lösen. Hierzu hatten sie ein spezielles Gerät zum Anpeilen entfernter Punkte, einen Theodoliten, vom Vermessungsamt Erlangen ausgeliehen.

Zum Abschluss des Projekts wurde eine Ausstellung in der Aula der Schule gestaltet, die das Vorgehen beim Vermessen sowie die Ergebnisse ausführlich dokumentiert. Sie ist der Öffentlichkeit zu den Öffnungszeiten der Schule (in den Ferien bis zum 10. 8. und ab dem 27. 8. jeweils 10.00–12.00 Uhr) zugänglich.

Zusammenfassung

Wir haben in den letzten Kapiteln eine Vielzahl von Möglichkeiten kennen gelernt und diskutiert, wie den Schülern in der alltäglichen Unterrichtspraxis Freiräume für selbstständiges, eigenverantwortliches, aber auch kooperatives Arbeiten eröffnet werden können. All diese Ansätze sind nicht isoliert zu sehen, sondern als miteinander verwobene Elemente eines abwechslungsreichen Mathematikunterrichts, in dem die Schüler in vielfältigen Situationen eigene Lernwege gehen. Fassen wir die zentralen Gedanken und Schlagworte im Überblick zusammen:

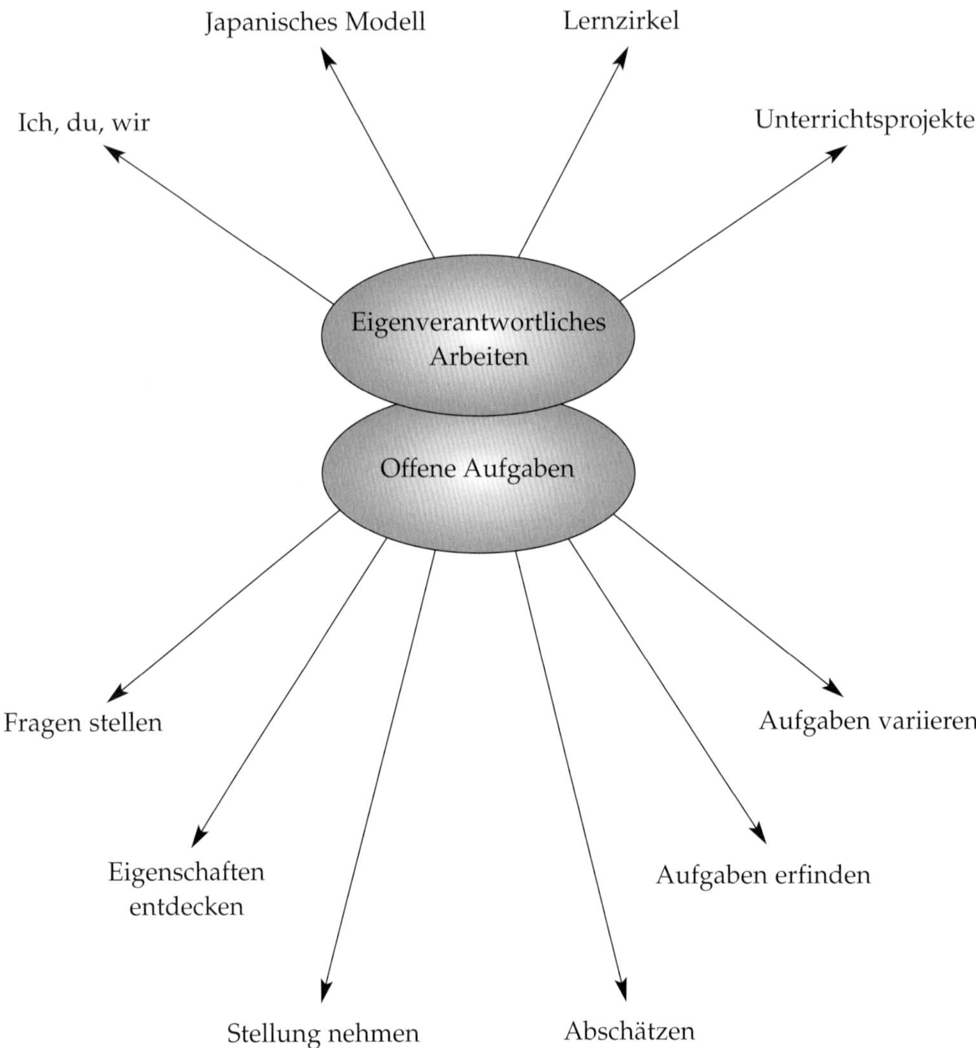

5. Eigenständiges Wiederholen – Grundwissen sichern

Damit Schüler eigene Wege bei Arbeiten mit Mathematik erfolgreich gehen können, bedürfen sie einer Basis an mathematischem Grundwissen und Grundverständnis. Der Aufbau eines tragfähigen und flexibel nutzbaren Wissensfundaments kann umgekehrt nur durch eigenständiges Lernen erfolgen.
In diesem Kapitel werden vielfältige Wege vorgestellt und diskutiert, die das Ziel eines langfristigen Aufbaus von Grundwissen im Fach Mathematik verfolgen.

5.1 Nachdenken über Grundwissen

Betrachten wir zum Einstieg in die Thematik folgenden Ausschnitt aus dem Lehrerbegleitband zu einem Schweizer Schulbuch (Affolter 1999):

„Lange Zeit wurde Unterrichten ähnlich gesehen wie das Aufbauen einer Mauer, das schrittweise, sozusagen Stein um Stein erfolgt. Dabei war man immer von der Angst begleitet, es könnte einmal ein Stein fehlen und die ganze Mauer würde dadurch zum Einsturz kommen. Lernen verläuft aber nicht so. Das zeigen neueste Ergebnisse aus der Unterrichtsforschung. Lernen ist eher vergleichbar mit dem Knüpfen eines Netzes. Es wird einmal zwischen zwei Aufhängepunkten ein Faden gespannt, dann ein weiterer und noch einer und so fort. Dabei kann es durchaus geschehen, dass das Netz nicht überall gleich dicht gespannt ist, ja es können sogar während längerer Zeit Löcher vorhanden sein, die jedoch, einmal entdeckt, mit neuen Fäden überbrückt werden können."

Lernen ist ein sehr komplexer Prozess. Ein derartiges Bild reduziert natürlich die Komplexität und betont nur einen Aspekt, macht damit aber den Aspekt der Vernetzung besonders bewusst.
Auch das Bild von der Mauer hat eine gewisse Berechtigung, beispielsweise drücken Begriffe wie „Grundwissen" oder „Wissensfundament" die Bedeutung von grundlegendem Wissen als Voraussetzung für tieferes Verständnis, Problemlösen und weiterführendes, aufbauendes Lernen aus. In diesem Sinne könnte man von einem „Mauer-Netz-Dualismus" des Lernens sprechen. Es handelt sich um zwei Seiten derselben Medaille. Martin Wagenschein hat dies für die Mathematik mit den Begriffen „Turmcharakter" und „Gewebecharakter" der Mathematik treffend zusammengefasst.

Das Problem „Grundwissen"

In Abschnitt 1.1 hatten wir anhand zweier Aufgaben aus der PISA-Erhebung („Glasfabrik" und „Fläche eines Kontinents") zwei Problembereiche des Mathematikunterrichts aufgedeckt: Zum einen das mangelnde Grundwissen der Schüler und die geringe Kumulativität des Lernens, zum anderen fehlende Problemlösekompetenzen der Schüler und mangelndes Selbstvertrauen, um ungewohnte problemhaltige Situationen anzupacken.
Für den zweiten Defizitkomplex haben wir mit eigenverantwortlichem Arbeiten in offenen Lernkontexten einen gangbaren Weg gefunden, mit dem Schüler die Kompetenz erlangen können, Mathematik aktiv und kreativ zu nutzen.

Im Folgenden wenden wir uns dem Komplex „Grundwissen sichern – Wissen vernetzen" zu. Nur den wenigsten Schülern gelingt es, in den vielen Jahren Mathematikunterricht ein solides, gut organisiertes und flexibel nutzbares Wissensfundament aufzubauen. Tatsächlich entstehen bei vielen Schülern zeitweise Wissensinseln, die kaum mehr als den Stoff der gerade aktuellen Unterrichtssequenz umfassen.
Damit sind wir wieder beim zentralen Thema „Lernen" angelangt. Wir haben bereits in den ersten Kapiteln dieses Buches ausführlich diskutiert, dass Lernen ein sehr individueller Konstruktionsprozess ist. Ein so „praktisches" Gerät wie den Nürnberger Trichter gibt es nicht, jeder Schüler muss sein Wissen selbst aktiv generieren. Dies gilt auch für den Aufbau von Grundwissen.

Die Kernfrage lautet also – mit Blick auf den Titel dieses Buches:
Wie können Schüler durch Lernen auf eigenen Wegen im Lauf ihrer Schulzeit ein tragfähiges, vernetztes mathematisches Wissen aufbauen?

Ein Vergleich

Werfen wir kurz ein Schlaglicht auf den Fremdsprachenunterricht. Wir werden dadurch eine Reihe von Anstößen zum Nachdenken über das Thema „Grundwissen" erhalten.

- Im Fremdsprachenunterricht ist es für Schüler eine Selbstverständlichkeit, dass es einen Grundwortschatz und grundlegende grammatikalische Strukturen gibt, die jederzeit verfügbar sein müssen und ohne die eine aktive Nutzung der Fremdsprache nicht möglich ist. Im Bewusstsein von Schülern, Lehrern und Eltern steht es außer Frage, dass in früheren Jahrgangsstufen gelernte Vokabeln und Grammatikstrukturen auch später in natürlicher Weise verwendet werden.
- Der Grundwortschatz wird über die Jahre hinweg durch die Arbeit mit einem Vokabelheft aufgebaut bzw. erweitert. Dieses Vokabelheft dient vor allem dem persönlichen Lernen und Wiederholen.
- Zum Nachschlagen von Wörtern nutzt man ein Wörterbuch, grammatikalische Strukturen sind in einem Grammatikwerk zusammengefasst.
- Der Grundwortschatz und grundlegende Grammatikstrukturen werden durch die alltägliche Arbeit im Fremdsprachenunterricht präsent gehalten und so im Bewusstsein und Wissen der Schüler verankert.

Übertragen wir diese vier Charakteristika des Fremdsprachenunterrichts auf das Fach Mathematik:

- Ist es im Bewusstsein der Schüler selbstverständlich, dass grundlegende mathematische Inhalte jederzeit verfügbar sein sollten?
- Gibt es Lernmedien (wie das Vokabelheft in den Fremdsprachen), die dem individuellen Aufbauen und langfristigen Sichern von Grundwissen dienen?
- Haben die Schüler ein Nachschlagewerk an der Hand, das sie bei aufgedeckten Wissenslücken nutzen?
- Wird durch die reguläre Arbeit im alltäglichen Mathematikunterricht ein Grundwissen der Schüler präsent gehalten?

Vermutlich werden Sie nicht alle vier Fragen uneingeschränkt mit „Ja" beantworten. Zumindest mit Blick auf den – pauschal gesagt – gängigen Mathematikunterricht in Deutschland lauten die Antworten eher „Nein". Es haben sich also offenbar im Laufe der Entwicklung des Unterrichts im Fach Mathematik andere Haltungen und Traditionen herausgebildet als in den Fremdsprachen. Lehrer wie Schüler stellen sich in ihrer Arbeitsweise auf solche – oft unbewusst wahrgenommenen – Traditionen ein (vgl. Abschnitt 1.2). Dies gibt aber auch Anlass zur Hoffnung, dass sich durch aktive Veränderungen beim Lehren und Lernen im Mathematikunterricht die Problemfelder überwinden lassen. In diesem und dem folgenden Kapitel können Sie hierzu vielfältige Ansätze kennen lernen. Sie stammen zum Teil aus dem BLK-Modellversuch SINUS, bei dem bundesweit zahlreiche Schulen Wege zum Aufbau und Sichern von Grundwissen im Fach Mathematik entwickelt, erprobt und für gut befunden haben. Sie können den Kolleginnen und Kollegen an diesen Schulen im Folgenden „über die Schulter" sehen und so Anregungen für Ihren eigenen Unterricht gewinnen.

Abgrenzung des Begriffs „Grundwissen"

Für die Arbeit an Ihrer Schule kann es ausgesprochen hilfreich sein, sich im Fachkollegium darüber auszutauschen, was jeder Einzelne mit dem Begriff „Grundwissen" verbindet. Die Frage „Was ist Grundwissen?" ist leichter gestellt als beantwortet und führt in der Regel zu kontroversen Diskussionen. Die Meinungen reichen hinsichtlich der Inhalte von

- *„Grundwissen ist das, was ein Normalbürger in seinem Leben braucht."*

bis

- *„Grundwissen ist das, was die Schüler in der nächsten Jahrgangsstufe an Vorkenntnissen benötigen."*

Hinsichtlich der Tiefe der Verankerung reichen die Vorstellungen von

- *„Grundwissen ist ‚Mitternachtswissen'. Jeder Schüler sollte es sofort parat haben, wenn er aus seinem nächtlichen Schlaf gerissen wird."*

bis

- *„Grundwissen sollte schnell aktivierbar sein und nach einer kurzen Wiederholung für die aktuellen Tätigkeiten zur Verfügung stehen."*

Zwischen diesen Ansichten liegen jeweils Welten! Jede Lehrkraft hat persönliche Vorstellungen von Grundwissen. Deshalb erscheint eine gemeinsame Diskussion dieses Begriffs sinnvoll. Das muss kein mühevolles Zusammenstellen von Details sein, ein gemeinsames Abstecken eines Rahmens kann sich bereits als sehr ergiebig erweisen. Die nächsten Abschnitte werden Ihnen hierzu auch Anregungen und Hilfen geben.
Im Endeffekt wird der Begriff „Grundwissen" immer zum Teil offen bleiben müssen. Eine präzise Definition der eingeschlossenen Inhalte und der zugehörigen Verankerungstiefe ist nicht möglich. Die Konkretisierung dieses Begriffs in der Unterrichtspraxis liegt im Ermessen und in der Verantwortung der Lehrkraft. Damit ergeben sich aber auch Gestaltungsfreiheiten.

Was meinen Sie zu obigen vier Ansichten über Inhalt und Verankerungstiefe von Grundwissen? Wo ordnen Sie Ihre eigenen Vorstellungen ein?

Begriffsklärung
In diesem Buch wird der Begriff „Grundwissen" in dem Sinn verwendet, dass er sich nicht nur auf *Faktenwissen* beschränkt, sondern auch *Grundfertigkeiten* (wie „mit Brüchen rechnen können" oder „eine quadratische Gleichung auflösen können") sowie *Grundverständnis* (wie etwa „Vorstellungen von Größenordungen haben" oder „einen Funktionsgraphen interpretieren können") einschließt. Allerdings wird sehr wohl eine Unterscheidung zwischen „Grundwissen" und „mathematischer Grundbildung" getroffen, siehe Postskript.

5.2 Grundwissen bewusst machen

Der Vergleich mit dem Fremdsprachenunterricht in Abschnitt 5.1 hat uns gezeigt, dass es beim Thema „Grundwissen" auch auf einen Wandel im Bewusstsein der Schüler ankommt. Der Umgang mit dem Grundwissen muss im Fach Mathematik ebenso selbstverständlich werden wie in Fremdsprachen der Umgang mit grundlegendem Vokabular. Unterstützend können dabei im Mathematikunterricht Lernmedien wirken, die bei den Fremdsprachen dem gedruckten Grundwortschatz bzw. dem Vokabelheft entsprechen: Grundwissenskataloge bzw. selbst erstellte Grundwissenssammlungen. Sie machen für Schüler fassbar, was die Lehrkraft unter Grundwissen versteht, und bieten gleichzeitig eine Basis für eigenständiges Wiederholen und Üben.

5.2.1 Grundwissenskataloge

Die erkannten Defizite der Schüler im Bereich des Grundwissens haben einige Schulen dazu veranlasst, ihren Schülern Grundwissenssammlungen in gedruckter Form an die Hand zu geben. Sehen wir uns zunächst einige Beispiele an, bevor wir über den konkreten Einsatz im Mathematikunterricht nachdenken.

Am Christoph-Jakob-Treu-Gymnasium Lauf wurde von der Fachschaft Mathematik ein Grundwissenskatalog erarbeitet, der in zwei Spalten Wissen/Können beschreibt und das Anforderungsniveau durch Aufgaben und Beispiele illustriert (vgl. Homepage der Schule http://www.cjt-gym-lauf.de sowie Bayerisches Staatsministerium 2002):

Grundwissen Jahrgangsstufe 5

Wissen/Können	**Aufgaben und Beispiele**
Sicherer Umgang mit den 4 Grundrechenarten; „Punkt vor Strich"; große Zahlen; Runden; Quadratzahlen von 1 bis 20 und von 25	Schreibe in Ziffern: acht Billionen vierzig Milliarden zweihundert Millionen achthundertdreitausendfünfhundertzweiunddreißig Zerlege in Stufen: 60 300 412 386 702 Runde auf Tausender (auf Hunderter) 587499 Berechne: $(3^4 + 2789) : 35 - 34 \cdot (16^2 - 254) + 14^2$ (210)
Sicherer Umgang mit Termen; Gliederung	Gliedere den Term: $(628 - 16 \cdot 2) + 36 : 9$ Stelle einen Term auf und berechne seinen Wert: Subtrahiere von der Differenz der Zahlen 2036 und 128 die doppelte Summe aus dem Quotienten der Zahlen 7470 und 18 und der Zahl 125.
Lösen einfacher Gleichungen	$58 \cdot 24 - 128 - x = 19^2 - 15^2$; $G = \mathbb{N}_0$ (L = {1128}) $15 \cdot 23 + 144 : x = 381$; $G = \mathbb{N}_0$ (L = {4})
Rechnen mit Größen (Länge, Zeit, Gewicht, Geld); Textaufgaben	Schreibe mit der in Klammern angegebenen Einheit: a) 12 km 3 dm [cm] (1200030 cm) b) 7 kg 5 g 18 mg [mg] (7005018 mg) Berechne: a) 10 km 11 m : 30 (3337 dm) b) (45 h 16 min – 28 h 28 min) : 8 min (126) Der Maßstab einer Landkarte ist 1:250000. Wie lang ist eine Strecke von 34 cm auf der Karte in Wirklichkeit? (85 km)

Wissen/Können	Aufgaben und Beispiele
Umwandlung von Flächeneinheiten („Umwandlungszahl" 100); Umfang und Flächeninhalt von Quadrat und Rechteck $U_Q = 4 \cdot a$, $A_Q = a^2$ $U_R = 2 \cdot (l + b)$, $A_R = l \cdot b$ Oberfläche von Würfel und Quader $O_W = 6 \cdot a^2$, $O_Q = 2 \cdot (l \cdot b + l \cdot h + b \cdot h)$	Schreibe mit der in Klammern angegebenen Einheit: a) 7 ha 9 m^2 [m^2] (70009 m^2) b) 2 m^2 3dm^2 40 cm^2 [cm^2] (20340 cm^2) Ein rechteckiges Grundstück ist 42 m lang und hat einen Flächeninhalt von 14 a 70 m^2. Berechne Breite und Umfang des Grundstücks! Ein Quader ist 3 m lang, 2 m 5 cm breit und 1 m 5 dm hoch. Berechne seine Oberfläche! (27 m^2 45 dm^2)
Teilbarkeitsregeln; Primfaktorzerlegung; ggT; kgV	Durch welche der Zahlen 2, 3, 4, 5, 6, 8, 9, 15 kann man 25740 (ohne Rest) teilen? Zerlege 120 und 252 in Primfaktoren! ($2^3 \cdot 3 \cdot 5$), ($2^2 \cdot 3^2 \cdot 7$) Bestimme ggT(120;252) (12) und kgV(120;252)! (2520)

Einen etwas anderen Weg hat das Rhön-Gymnasium in Bad Neustadt gewählt. Die Grundwissenssammlung stellt die wichtigsten Inhalte in Karteikartenform übersichtlich zusammen (vgl. Homepage der Schule http://www.rhoen-gymnasium.de).
Die folgenden Seiten zeigen zwei Auszüge:

Grundwissen Mathematik *6*

2 Dezimalschreibweise

Zahlen wie z. B. 1,356 heißen **Dezimalbrüche**. Dabei bedeutet die 1. (2., 3., ...) Stelle hinter dem Komma Zehntel (Hundertstel, Tausendstel, ...). Die Ziffern hinter dem Komma heißen **Dezimalen**.

Bsp.: $0{,}04 = \frac{4}{100} = \frac{1}{25}$; $1{,}234 = 1\frac{234}{1000} = 1\frac{117}{500}$

2.1 Ordnen von Dezimalbrüchen nach der Größe

Von zwei Dezimalbrüchen ist derjenige der größere, der von links nach rechts gelesen zuerst eine höhere Ziffer hat.

Bsp.: $1{,}2345 < 1{,}2346$

2.2 Runden von Dezimalbrüchen

Ist die erste wegzulassende Ziffer 0,1,2,3,4, so wird abgerundet, ist sie 5,6,7,8,9, so wird aufgerundet.

Bsp.: Runden auf:	1 Dez.	2 Dez.	3 Dez.
3,4564	$\approx 3{,}5$	$\approx 3{,}46$	$\approx 3{,}456$

2.3 Addition und Subtraktion von Dezimalbrüchen

Addition (Subtraktion) der Stellen gleichen Wertes

Bsp.: $3{,}76 + 4{,}32 = 8{,}08$

Wie lässt sich mit diesen Grundwissenskatalogen in der Praxis arbeiten? Die Schüler erhalten in jeder Jahrgangsstufe die jeweils aktuellen Teile der Materialien. Sie sammeln diese und bauen so während ihrer Schulzeit ein eigenes Lern- und Nachschlagewerk für den Mathematikunterricht auf. Es dient dazu, das Grundwissen ins Bewusstsein von Schülern, Lehrern und Eltern zu rücken, es greifbar zumachen und inhaltlich zu umreißen.
Dadurch kann einerseits in der regulären Unterrichtsarbeit wie auch in Hausaufgaben und Leistungserhebungen konkret auf Grundwissen Bezug genommen und so ein langfristig angelegter Aufbau von mathematischem Wissen der Schüler angeregt werden. Andererseits kann die Grundwissenssammlung auch Ausgangspunkt für selbstständiges Wiederholen und Üben der Schüler, für ein Lernen auf eigenen Wegen sein.

Verschiedene Verlage haben ebenfalls Grundwissenssammlungen für Schüler herausgebracht, die ähnliche Dienste leisten können, die aber die Inhalte in der Regel nach fachsystematischen Gesichtspunkten ordnen und nicht nach der Reihenfolge ihrer Behandlung im Unterricht. Derartige Medien entsprechen bei den Fremdsprachen Wörterbüchern bzw. Grammatikwerken. Sie können im Mathematikunterricht als Nachschlagewerke und Lernmedien für individuelles Wiederholen und zum Schließen erkannter Lücken dienen. Zumindest über die Schulbibliothek sollten Schüler die Möglichkeit besitzen, auf solche Bücher zuzugreifen. Manche Schulen haben sogar derartige Grundwissenssammlungen als

Grundwissen Mathematik — *Algebra 10*

5 Exponentialfunktion

5.1 Exponentielles Wachstum

Konstanter Wachstumsfaktor in gleichen Zeitspannen

Wachstumsgesetz $n \mapsto c \cdot a^n$

n: Anzahl der Zeitintervalle, c: Startwert, a: Wachstumsfaktor bezogen auf 1 Zeitintervall ($a > 1$ Zunahme, $a < 1$ Abnahme)
Halbwertszeit T: $a^T = \frac{1}{2}$ bei Abnahme

5.2 Exponentialfunktionen

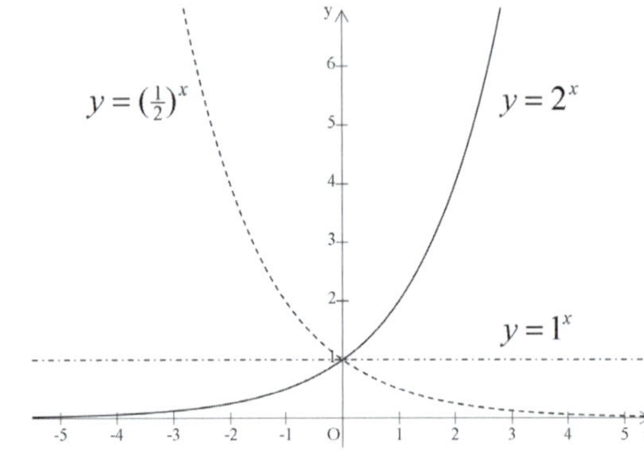

$y = a^x$, $a \in \mathbb{R}^+$,
$x \in \mathbb{R}$, $W = \mathbb{R}^+$
streng monoton steigend für $a > 1$,
streng monoton fallend für $a < 1$

Die Graphen von $y = a^x$ und $y = (\frac{1}{a})^x$ sind zueinander symmetrisch bzgl. der y-Achse.

reguläre Lehrmittel für den Mathematikunterricht neben den üblichen Schulbüchern eingeführt.

5.2.2 Selbst erstellte Grundwissenssammlungen

Grundwissenssammlungen, die in gedruckter Form an die Schüler ausgegeben werden, bergen die Gefahr, dass die mathematischen Inhalte nur auf Papier gesammelt, nicht aber im aktiven Wissen der Schüler verankert werden. Deshalb haben einige Schulen den Weg gewählt, Grundwissenssammlungen von den Schülern selbst anfertigen zu lassen. Dahinter steht die Idee, dass bereits beim Schreiben Lernprozesse stattfinden und dass eigene Aufzeichnungen eine gute Grundlage für individuelles Lernen bieten (vgl. Vokabelhefte in den Fremdsprachen).
Betrachten wir drei Beispiele aus der Schulpraxis. Bei den ersten beiden gibt die Lehrkraft jeweils den Inhalt vor, die Schüler übernehmen ihn in eine spezielle Merkstoffsammlung. Beim dritten erstellen die Schüler ihren Wissensspeicher innerhalb eines gewissen Rahmens selbstständig.

Das „schlaue Heft" der Carl-von-Linde-Realschule Kulmbach

Die Schüler führen zwei Mathematikhefte: Das „schlaue Heft" – ein Merkheft, in das sie während des Unterrichts das Kerngerüst des jeweils aktuellen Stoffs aufnehmen – und ein Arbeitsheft, in dem sich die sonstige Arbeit in der Schule und zu Hause abspielt. Im „schlauen Heft" entsteht somit während des Schuljahres eine Übersicht über die wesentlichen Stoffinhalte, die dem Nachschlagen und individuellen Lernen dient. Die Gliederung dieses Merkhefts entspricht dem Aufbau des Unterrichts. Nebenan ist ein Beispiel aus einer 5. Klasse abgebildet.

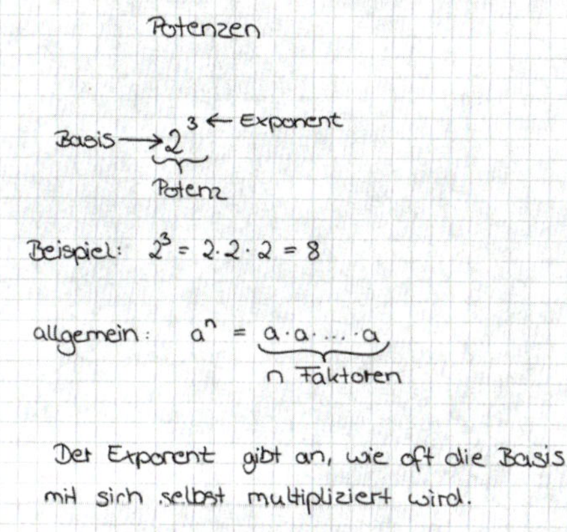

Die Merkstoffsammlung der Gesamtschule Peter Joseph Lenné in Potsdam

Ziel dieses Ansatzes ist es, die Grundwissenssammlung thematisch gegliedert entstehen zu lassen, um gezieltes Nachschlagen und Wiederholen zu erleichtern. Lassen wir Kollegen der Lenné-Gesamtschule davon berichten (vgl. Pädagogisches Landesinstitut Brandenburg 2002, S. 13 f.)

Merkstoffsammlung Mathematik

Im Mathematikunterricht wird ständig auf Wissen und Fähigkeiten aus vorangegangenen Stoffgebieten/Schuljahren zurückgegriffen. Auch in den Kursarbeiten, Abschlussarbeiten, Prüfungen oder Eignungstests werden die Schülerinnen und Schüler mit Grundwissensaufgaben konfrontiert. Sie sind aber oftmals nicht in der Lage, sich auf diese Tests mit Lehrbuch, Tafelwerk und Mathematikhefter vorzubereiten. Die Führung eines Merkstoffhefters könnte hierbei hilfreich sein.

Inhaltliche Beschreibung

Den Merkstoffhefter führen die Schülerinnen und Schüler von der 7. bis zur 10. Jahrgangsstufe. Gleich zu Beginn der 7. Jahrgangsstufe wird der Hefter nach einem einheitlichen Ordnungsprinzip (thematisch) eingerichtet. Für jedes Thema und dessen Unterpunkte legen sich die Schülerinnen und Schüler Seiten im Hefter an. Im Laufe der Schuljahre werden die verbindlichen Inhalte laut Rahmenlehrplan (Begriffe, Definitionen, Sätze), graphische Darstellungen und ausgewählte Aufgabenbeispiele (ergänzt durch Strategien) in diesem Hefter thematisch gesammelt. Nach vier Unterrichtsjahren haben die Schülerinnen und Schüler somit ein selbst geschriebenes Nachschlagewerk in den Händen, das alle wesentlichen Informationen enthält. Damit können die Schülerinnen und Schüler selbstständig lernen, üben, wiederholen und sich gezielt auf Testsituationen vorbereiten.

Erfahrungen
Schülerumfragen zum Merkstoffhefter ergaben, dass ein großer Teil der Schülerinnen und Schüler die Merkstoffsammlung als ständiges Arbeitsmittel nutzt. In Wiederholungsphasen und häuslichen Übungen können die Schülerinnen und Schüler im Hefter Beispiele, Begriffe etc. gezielt nachschlagen und somit mehr Selbstständigkeit erlangen. Die Vorzüge gegenüber einem normalen Hefter liegen in der Systematik, Konzentration auf Wesentliches und der Angabe von Beispielrechnungen. Die Eltern sehen sich eher in der Lage, ihren Kindern zu helfen. Absprachen im Fachbereich über Inhalte des Merkstoffhefters und einheitliche Standards erweisen sich als sinnvoll, besonders bei Lehrkräfte- bzw. Kurswechsel.

Karteikarten der Realschule Pegnitz
Bei den bislang vorgestellten Ansätzen schreiben die Schüler ihr Grundwissen zwar selber, allerdings in der Regel von der Tafel ab. Eine höhere Eigentätigkeit und Eigenverantwortung wird den Schülern an der Realschule Pegnitz abverlangt, sie gestalten ihre Grundwissenssammlung – mit Rahmenvorgaben – auch inhaltlich selbst. Wie sieht dies konkret aus?
In regelmäßigen Abständen erhalten die Schüler die Hausaufgabe, Wesentliches der vergangenen Mathematikstunden mit Fragen und Antworten auf Karteikarten festzuhalten. Die Schüler sind also gefordert, ihr Heft nochmals durchzublättern, den Stoff im Überblick zu rekapitulieren, zentrale Inhalte herauszufiltern und diese in Fragen und Antworten zu packen. Im Rahmen der Besprechung der Hausaufgaben werden die Karteikarten kontrolliert, falls erforderlich, muss die eine oder andere neu geschrieben werden. Ein Beispiel:

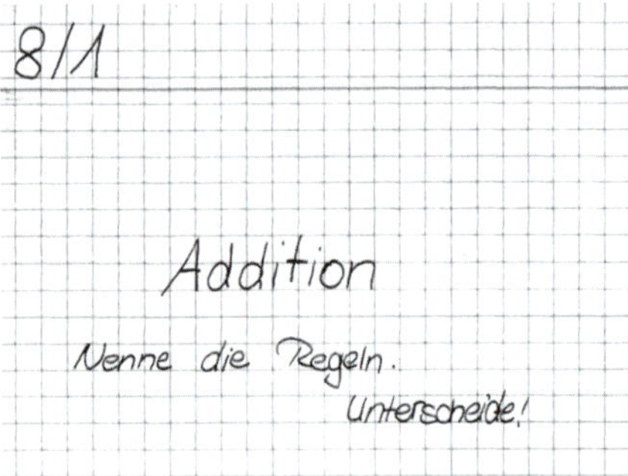

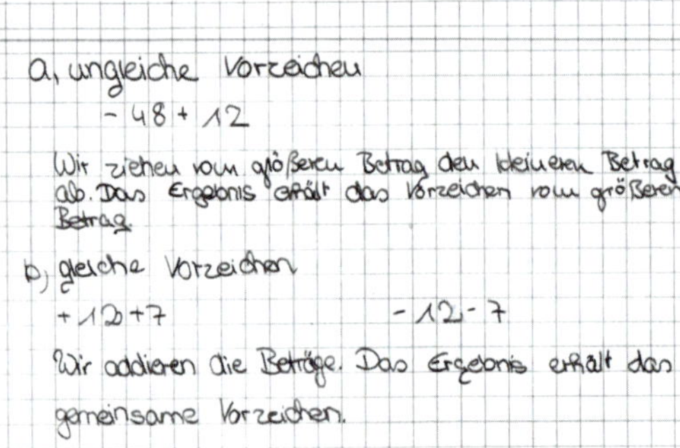

Im Lauf eines Schuljahres sammeln die Schüler so etwa 30 Karteikarten (in einem Briefumschlag, der im Mathematikheft liegt). Es entsteht eine selbst erstellte Grundwissenssammlung zum eigenständigen Wiederholen und Üben, auf die aber auch im fortlaufenden Unterricht sowie in Leistungserhebungen Bezug genommen wird.
Auch wenn Ihnen das Arbeiten mit Karteikarten nicht liegen sollte, ist doch die dahinter stehende Idee, dass die Schüler ihren Grundwissensspeicher auch inhaltlich eigenständig gestalten, übertragenswert und mit anderen Medien (z. B. Merkheft oder Merkstofford-

ner) realisierbar. Es kommt dabei vor allem darauf an, dass die Schüler die im Unterricht behandelten mathematischen Inhalte in gewissen Abständen regelmäßig rekapitulieren, sich bewusst machen, was wichtig und behaltenswert ist, und sie diese Inhalte nochmals schriftlich fixieren. So können ein strukturiertes, vernetztes Wissen und Übersicht über den Stoff entstehen.

Fazit

Sie haben in diesem Abschnitt zwei konzeptionell verschiedene Wege zur Sicherung von Grundwissen kennen gelernt: Grundwissenskataloge werden den Schülern in fertiger Form an die Hand gegeben, Merkhefte und Ähnliches werden von den Schülern selbst gestaltet. Beide Ansätze stehen dabei nicht in Konkurrenz, sondern setzen unterschiedliche Akzente und können sich gegenseitig ergänzen: Grundwissenkataloge haben eher den Charakter eines Nachschlagewerks, selbst erstellte Wissensspeicher den eines persönlich geprägten Lernmediums.

Beide Wege verfolgen das Ziel, Grundwissen im Fach Mathematik bewusst und inhaltlich fassbar zu machen. Damit schaffen sie eine Voraussetzung und eine Grundlage für eigenständiges Wiederholen und Üben der Schüler und somit für einen individuellen, langfristig konzipierten Aufbau mathematischer Fähigkeiten.

Diskutieren Sie zusammenfassend über die vorgestellten Konzepte, Grundwissen im Fach Mathematik schriftlich zu sammeln. Die positiven Erfahrungen an anderen Schulen können Ihnen Mut machen, den einen oder anderen Weg an Ihrer Schule selbst auszuprobieren.

5.3 Grundwissen selbstständig wiederholen

Mathematikunterricht für individuelle Lernwege öffnen – so lautet die Leitidee dieses Buches. Im vorhergehenden Abschnitt haben wir gesehen, wie verschiedene Formen von Grundwissenssammlungen als Basis für das Lernen der Schüler dienen können. Es genügt aber nicht, Grundwissen nur schriftlich zu sammeln, mit ihm muss regelmäßig aktiv gearbeitet werden.

Wenden wir uns im Folgenden Wegen zu, mit denen die Schüler im alltäglichen Mathematikunterricht Inhalte – auch aus früheren Jahrgangsstufen – eigenständig wiederholen können, um sie präsent zu halten und sie in ihrem Wissen fest zu verankern. Wir unterscheiden dabei grob zwischen explizitem und implizitem Wiederholen. Bei ersterem findet die Wiederholung eines abgesteckten Grundwissens im Rahmen fester Übungsformen statt, dieser Abschnitt 5.3 wird einige Beispiele dazu vorstellen. Bei letzterem werden wiederholende Elemente in die reguläre Arbeit mit dem Unterrichtsstoff integriert und damit insbesondere Vernetzungen zwischen früheren und aktuellen Inhalten hergestellt. Wir werden uns dem im nachfolgenden Kapitel 6 widmen.

5.3.1 Wiederholungs- und Übungsblätter

Ein Großteil des Arbeitens der Schüler im Fach Mathematik wird durch Aufgaben bestimmt. Aufgabenstellungen dienen dem Vordringen in neue Stoffgebiete, dem Üben und Anwenden, dem Wiederholen und Vertiefen, sie prägen auch Leistungserhebungen. Die Aufgabenseiten der Schulbücher werden zumeist (noch) von solchen Aufgaben dominiert, die sich auf die gerade aktuelle Unterrichtseinheit beziehen. (Natürlich sind gelegentlich wiederholende Elemente eingestreut.) Möchte man als Lehrkraft einer Klasse jedoch gezielt und verstärkt Aufgaben zur Wiederholung – auch von Stoff aus früheren Jahrgangsstufen – zur Verfügung stellen, so bleibt in der Regel nur der Weg, selbst Arbeitsmaterialien für die Schüler zu entwerfen.
Die Kombination von Aufgabenstellungen zu früher behandelten Inhalten mit Lernmedien wie Merkheften und Wissensspeichern, in denen die zu Grunde liegenden Inhalte erläutert und zusammengefasst sind, kann Schülern Freiräume für eigenständiges Arbeiten an und mit ihrem mathematischen Wissen schaffen.

Im Weiteren können Sie eine sehr komfortable und Zeit sparende Möglichkeit kennen lernen, Aufgaben (evtl. mit Lösungen) aus den verschiedensten Gebieten der Schulmathematik zu Arbeitsblättern für Ihre Schüler zusammenzustellen. Die Basis bietet dabei die Mathematikaufgabendatenbank SMART.

SMART – Die Mathematikaufgabendatenbank

Gymnasium

Realschule

SINUS-Transfer

Die Abkürzung SMART steht für „**S**ammlung **M**athematischer **A**ufgaben als **H**ype**R**text mit **T**eX". Die Datenbank enthält gegenwärtig über 4000 Aufgaben mit Lösungen. Man erreicht SMART unter der Internetadresse:
http://did.mat.uni-bayreuth.de/smart
Die meisten Aufgaben befinden sich in der Rubrik „Gymnasium", ein eigener Bereich „Realschule" ist gerade im Aufbau. Allerdings sind viele Aufgaben der Sekundarstufe I auch schulartübergreifend nutzbar. Ein dritter Strang „SINUS-Transfer" umfasst Aufgaben, die an Schulen im Rahmen der BLK-Modellversuche SINUS und SINUS-Transfer entwickelt wurden. Diese Aufgaben sind im Schnitt etwas offener, anwendungsbezogener und komplexer als die SMART-Aufgaben aus den beiden anderen Rubriken.
Sowohl Lehrkräfte als auch Schüler und Eltern nutzen SMART, gegenwärtig werden pro Jahr etwa 600 000 Zugriffe auf die Datenbank registriert.

> Sehen Sie sich die SMART-Aufgabendatenbank an.
> http://did.mat.uni-bayreuth. de/smart

Die Frage, die uns zu SMART geführt hat, war: Wie kann man als Lehrkraft mit wenig Aufwand ansprechende Aufgabenblätter gewinnen, anhand derer Schüler zurückliegenden Stoff eigenständig wiederholen und üben können?
Betrachten wir dazu ein Beispiel und stellen wir uns vor, wir möchten für eine 7. Klasse ein Arbeitsblatt zusammenstellen, mit dem die Schüler grundlegende Inhalte der 6. Jahrgangsstufe auffrischen können.

> Wenn Sie mit SMART noch nicht vertraut sind, vollziehen Sie die folgenden Schritte zur Erstellung des Arbeitsblatts an Ihrem Rechner nach.

Auf der Startseite http://did.mat.uni-bayreuth.de/smart wählen wir den Link „Zu den Aufgaben" und gelangen so in den Aufgabenbereich „Gymnasium".

1. Aufgaben auswählen
In der ersten Übersicht wählen wir für unser Beispiel die 6. Jahrgangsstufe aus. Wir erhalten die thematische Gliederung der zur Verfügung stehenden Aufgaben und gelangen mit zwei Mausklicks zu den Aufgaben. Wählen wir etwa die Rubrik „Rechnen mit rationalen Zahlen/Verbindung der vier Grundrechenarten", erhalten wir folgende Seite:

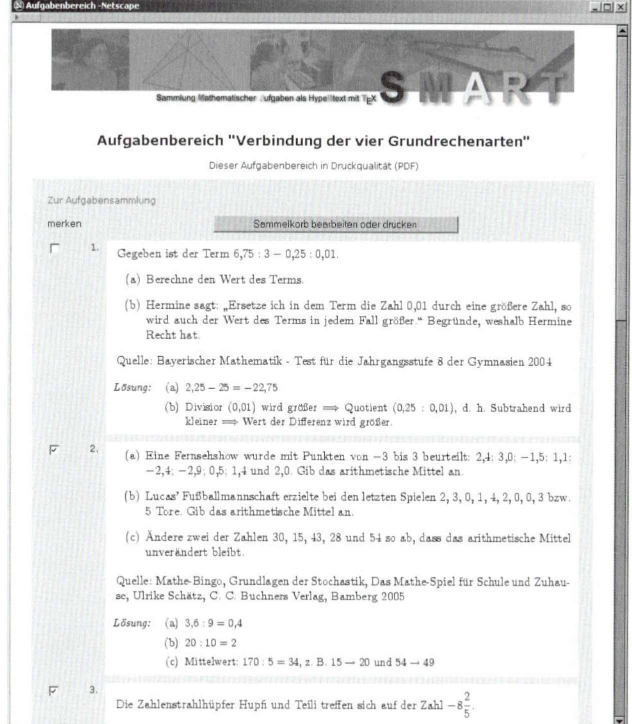

Wie in einem Internet-Warenhaus können wir uns hier Aufgaben aussuchen, indem wir neben den Aufgaben jeweils einen Haken in das Kästchen setzen. Die ausgewählten Aufgaben werden damit in einen (elektronischen) Sammelkorb gelegt.
Gehen wir mit der „Zurück"-Funktion des Browsers oder mit dem Link „Zur Aufgabensammlung" wieder zur thematischen Gliederung der Aufgaben und suchen wir uns entsprechend weitere Aufgaben aus anderen Stoffgebieten aus, etwa aus dem Bereich „Mathematik im Alltag: Prozentrechnung und Diagramme". Wie oben legen wir die Aufgaben, die wir für unser Arbeitsblatt möchten, durch Setzen eines Häkchens in den Sammelkorb.

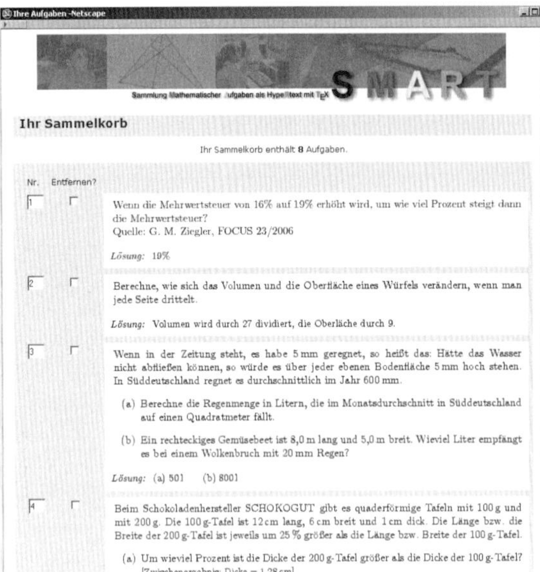

2. Sammelkorb bearbeiten

Sind wir mit der Auswahl der Aufgaben fertig, klicken wir in einer beliebigen Seite mit Aufgaben auf den Button „Sammelkorb bearbeiten oder drucken“ oder wählen von einer thematischen Übersichtsseite den Link „Sammelkorb“.

Wir erhalten eine Zusammenstellung aller ausgewählten Aufgaben. Hier können wir die Aufgaben in eine neue Reihenfolge bringen oder auch Aufgaben aus dem Sammelkorb entfernen.

Schule:
Klasse: (z. B. 10 a)
Datum: (z. B. 13. März 2006)
Überschrift: (z. B. 3. Aufgabenblatt) Weihnachtsaufgaben für die Klasse 7 a
Unterschrift: (z. B. Viel Erfolg) Schöne Weihnachten!
Ja Nein
Angabe anzeigen:
Lösungen anzeigen:
Dateinamen anzeigen:

Ausgabe:
Druckausgabe (PDF-Datei) | Online-Ändern (LaTeX-Datei)
weitere Datei-Formate:
LaTeX-Datei | PostScript-Datei

Im unteren Bereich dieses Fensters können wir Ausgabeoptionen für unser Arbeitsblatt einstellen:

Hier lässt sich beispielsweise das Arbeitsblatt mit einer individuellen Über- bzw. Unterschrift versehen. Es kann festgelegt werden, ob die Lösungen der Aufgaben mit angezeigt werden sollen oder nicht.

Im Bereich „Ausgabe“ führt der Link „Druckausgabe (PDF-Datei)“ zum fertigen Arbeitsblatt.

3. Arbeitsblatt ausdrucken

Das erzeugte Arbeitsblatt wird in verschiedenen Dateiformaten angeboten. Am zweckmäßigsten für den Ausdruck ist das Format PDF („portable document format"). Damit Sie mit diesem arbeiten können, muss das Programm „Adobe Acrobat Reader" auf Ihrem Rechner installiert sein. Sie können diese Software im Internet kostenlos unter http://www.adobe.de (bzw. auf der Seite http://www.adobe.de/products/acrobat/readstep2.html) erhalten.

In unserem Beispiel haben wir etwa das rechts abgebildete Arbeitsblatt erzeugt. Wir können es als PDF-Datei abspeichern oder direkt mit der Druckfunktion des Adobe Acrobat Readers (nicht mit der Druckfunktion des Browsers!) in sehr guter Qualität ausdrucken.

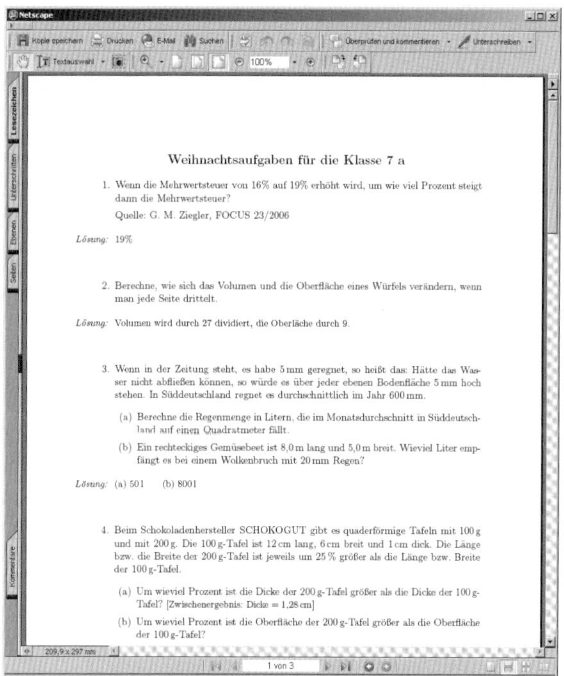

Weihnachtsaufgaben für die Klasse 7 a

1. Wenn die Mehrwertsteuer von 16% auf 19% erhöht wird, um wie viel Prozent steigt dann die Mehrwertsteuer?
   Quelle: G. M. Ziegler, FOCUS 23/2006

Lösung: 19%

2. Berechne, wie sich das Volumen und die Oberfläche eines Würfels verändern, wenn man jede Seite drittelt.

Lösung: Volumen wird durch 27 dividiert, die Oberläche durch 9.

3. Wenn in der Zeitung steht, es habe 5 mm geregnet, so heißt das: Hätte das Wasser nicht abfließen können, so würde es über jeder ebenen Bodenfläche 5 mm hoch stehen. In Süddeutschland regnet es durchschnittlich im Jahr 600 mm.
   (a) Berechne die Regenmenge in Litern, die im Monatsdurchschnitt in Süddeutschland auf einen Quadratmeter fällt.
   (b) Ein rechteckiges Gemüsebeet ist 8,0 m lang und 5,0 m breit. Wieviel Liter empfängt es bei einem Wolkenbruch mit 20 mm Regen?

Lösung: (a) 50 l (b) 800 l

4. Beim Schokoladenhersteller SCHOKOGUT gibt es quaderförmige Tafeln mit 100 g und mit 200 g. Die 100 g-Tafel ist 12 cm lang, 6 cm breit und 1 cm dick. Die Länge bzw. die Breite der 200 g-Tafel ist jeweils um 25 % größer als die Länge bzw. Breite der 100 g-Tafel.
   (a) Um wieviel Prozent ist die Dicke der 200 g-Tafel größer als die Dicke der 100 g-Tafel? [Zwischenergebnis: Dicke = 1,28 cm]
   (b) Um wieviel Prozent ist die Oberfläche der 200 g-Tafel größer als die Oberfläche der 100 g-Tafel?

SMART bietet weitere Möglichkeiten, die wir noch nicht genutzt haben. Wir sprechen sie hier nur kurz an, um einen Überblick zu geben, aber ohne genauer darauf einzugehen.

- **Dateiformate:** Zum Ausdrucken und Weiterverarbeiten der Arbeitsblätter werden die Dateiformate PDF, PNG, PostScript, DVI und TeX angeboten.
- **SMART-Download:** Alle Aufgaben können jahrgangsstufenweise gesammelt als Buchfassung heruntergeladen werden. Die Gliederung entspricht der Struktur der Datenbank.
- **Suchen:** SMART bietet zwei Möglichkeiten, um Aufgaben zu bestimmten Schlüsselwörtern zu suchen. Zum einen können die Aufgabentexte – evtl. auf bestimmte Jahrgangsstufen eingegrenzt – durchsucht werden, zum anderen lässt sich das Inhaltsverzeichnis nach Schlüsselwörtern durchsuchen.
- **Online editieren:** Die Aufgaben von SMART lassen sich vor dem Erzeugen der druckfertigen Datei online editieren. Sie wurden von den Autoren mit dem Satzprogramm LaTeX geschrieben. Der LaTeX-Quelltext kann am Bildschirm angezeigt und online verändert werden.
- **Offline editieren:** Hat man TeX am eigenen Rechner installiert, kann man die zu Grunde liegenden LaTeX-Quelltexte herunterladen und nach eigenen Vorstellungen weiterbearbeiten. (Sollten Sie sich für TeX interessieren, ist die Internetadresse http://www.dante.de empfehlenswert. Hier wird u. a. die notwendige Software zum Download angeboten.)

Stellen Sie mit SMART ein Aufgabenblatt für Ihren Unterricht zusammen!

Noch ein Tipp: In der Schweiz wurde eine Mathematikaufgabendatenbank „Munterbunt" entwickelt, die in ihrer Bedienung und ihrer Funktionsweise SMART ähnelt. Sie ist im Internet unter http://www.munterbunt.ch erreichbar und bietet einen reichhaltigen, thematisch gegliederten Aufgabenfundus für die gesamte Sekundarstufe bis zum schweizerischen Matura-Niveau.

5.3.2 Karteikartenarbeit

Es gibt viele Wege, Schülern Wiederholungsaufgaben zu zurückliegendem Stoff anzubieten. Einige Schulen haben im BLK-Modellversuch SINUS Aufgaben zu zentralen Themen der Schulmathematik auf Karteikarten gesammelt und so Freiarbeitsmaterialien für eigenständiges Wiederholen geschaffen. Sehen wir uns aus einem Karteikasten der Integrierten Gesamtschule Mainz exemplarisch einige Karten zum Satz des Pythagoras an, bevor wir über Nutzungsmöglichkeiten derartiger Medien im Mathematikunterricht nachdenken.

A – 071 – PY	L – 071 – PY
Gegeben ist eine quadratische Pyramide mit der Grundkante a und der Seitenkante s. Leite mit Hilfe des Satzes des Pythagoras eine Formel her für a) die Höhe H einer Seitenfläche, b) die Körperhöhe h, c) die Oberflächengröße O der Pyramide.	a) $H = \sqrt{s^2 - \frac{a^2}{4}}$ b) $h = \sqrt{H^2 - \frac{a^2}{4}}$ c) $O = a^2 + 2aH$

A – 072 – PY	A – 072 – PY
a) Ein Quader ist durch die Kantenlängen a, b, c gegeben. Leite mit Hilfe des Satzes des Pythagoras eine Formel für die Länge d der Raumdiagonalen her. b) Berechne die Längen der Diagonalen der Seitenflächen sowie die Länge der Raumdiagonalen eines Quaders mit folgenden Kantenlängen: a = 7 cm b = 5 cm c = 4 cm	a) $d = \sqrt{a^2 + b^2 + c^2}$ b) $d \approx 9{,}5$ cm $e \approx 8{,}6$ cm $f \approx 8{,}1$ cm $g \approx 6{,}4$ cm

A – 073 – PY	L – 073 – PY
Von einem gleichseitigen Dreieck ist die Seitenlänge a = 7 cm gegeben. Berechne die Höhe h und den Flächeninhalt A des Dreiecks!	$h \approx 6{,}1$ cm $A \approx 21{,}22$ cm

Wie lässt sich damit in der Unterrichtspraxis arbeiten? Es sind verschiedene Wege denkbar und sinnvoll:

- Die Aufgaben im Karteikasten sollten nach Jahrgangsstufen geordnet sein, so dass einer Klasse immer nur die Wiederholungsaufgaben bis zur jeweiligen Jahrgangsstufe zur Verfügung gestellt werden können.
- Einige vollständige Karteikästen könnten in der Schule zentral (z. B. im Lehrerzimmer) aufbewahrt werden und so allen Kolleginnen und Kollegen zur Nutzung während einzelner Unterrichtsstunden bereitstehen. Eine andere – allerdings materialaufwändige – Möglichkeit wäre, in den Klassenzimmern die Karteikästen als Materialien für Freiarbeit zu deponieren.
- Während einer Arbeitsphase mit den Karteikästen ziehen die Schüler einzelne Karten aus der Sammlung, bearbeiten diese und stecken sie schließlich wieder zurück. Hierzu kann es zweckmäßig sein, einer Klasse mehrere identische Kästen bereitzustellen.

- Aufgaben und Lösungen könnten sich jeweils auf der Vorder- bzw. Rückseite der Karten befinden. Es mag aber auch sinnvoll sein, getrennte Aufgaben- und Lösungskästen zu erstellen.
- Das Lernen mit den Karteikästen zum Aufbau von Grundwissen ist besonders wirkungsvoll, wenn es regelmäßig in den Unterricht integriert wird (z. B. alle zwei Wochen). Aber auch ein nur gelegentlicher Einsatz der Materialien (beispielsweise in Vertretungsstunden) ist natürlich nicht ausgeschlossen.
- Wird regelmäßig mit den Wiederholungsaufgaben gearbeitet, sollten die Schüler ein Lernprotokoll führen, mit dem sie – für sich selbst und für die Lehrkraft – dokumentieren, mit welchen Aufgaben sie sich befasst haben.
- Leistungserhebungen sollten in ihrer Konzeption zum Unterricht passen. Wird im Unterricht auf regelmäßiges Wiederholen (z. B. mit Karteikarten) Wert gelegt, so ist es sinnvoll und gerechtfertigt, hierauf auch in Leistungserhebungen Bezug zu nehmen. Ansonsten wird die Wiederholungsarbeit von Schülern bald nicht mehr ernst genommen, denn ihr Lernen wird auch durch die Anforderungen von Prüfungen bestimmt.

Abschließend ein Erfahrungsbericht einer Lehrkraft zur Arbeit mit Karteikästen (Akademie für Lehrerfortbildung und Personalführung 2003, S. 10):

> „Mit einem oder mehreren Karteikästen, aus denen sich die Schüler selbst Aufgaben und Lösungen holen, kann man eine erstaunliche Motivationswirkung erzielen: Selbst ausgewählte Aufgaben mit individuell gewähltem Schwierigkeitsgrad werden offensichtlich lieber bearbeitet als Aufgaben, die im Schulbuch stehen oder von Lehrer gestellt werden."

5.3.3 Übungs- und Wiederholungszirkel

Möchte man eine Übungs- und Wiederholungsphase etwas größer anlegen und die Schüler dabei weitgehend eigenständig arbeiten lassen, bieten sich Lernzirkel an, die sich vor allem dem Üben und Wiederholen widmen.
Wir hatten uns mit Lernzirkeln bereits in Abschnitt 4.1 befasst. Sie schaffen Schülern einerseits einen Rahmen, um neue Inhalte eigenständig zu erarbeiten. Mit ihnen kann andererseits aber auch bereits bekannter Stoff geübt und gefestigt bzw. zurückliegender wiederholt werden. In letzteren Funktionen werden Lernzirkel auch Übungs- oder Wiederholungszirkel genannt, wobei diese Begriffe in der Literatur nicht einheitlich verwendet werden.

Führen wir uns beispielhaft zwei Situationen vor Augen, in denen sich Übungs- bzw. Wiederholungszirkel geradezu anbieten:

- Stellt man im Verlauf des Schuljahres in einer Klasse erhebliche Defizite in bereits zurückliegenden Gebieten (evtl. aus früheren Jahrgangsstufen) fest, so kann ein Lernzirkel ein geeignetes Werkzeug darstellen, damit die Schüler die diagnostizierten Lücken durch eigenständiges, aber auch kooperatives Lernen schließen. Die Aufgaben des Lernzirkels bilden dabei den Ausgangspunkt für eine Wiederholung der zu Grunde liegenden Inhalte (z. B. in Kombination mit Grundwissenssammlungen wie wir sie in Ab-

6. Klasse	Station 5: Schlussrechnen	Übungszirkel

1. In 3 Tagen werden bei täglich 4 Fahrten mit einem Lastwagen 66 t Sand weggeschafft. In wie vielen Tagen können bei täglich 3 Fahrten 198 t Sand weggebracht werden?
2. 16 Arbeiter heben in 9 Tagen einen 3,6 km langen Graben aus. Wie lange brauchen 12 Arbeiter zu 2,1 km?
3. 5 Züge mit je 14 Waggons befördern insgesamt 1225 t Kohlen. Wie viele Tonnen können 6 Züge mit je 24 Waggons transportieren?
4. Sechs Maurer brauchen für eine Arbeit 90 Tage. Nach 10 Tagen wird ein Maurer krank, nach weiteren 30 Tagen werden 3 Maurer zu einer anderen Baustelle abgezogen. Wie viele Tage dauert es insgesamt bis zum Abschluss der Arbeit?
5. Zehn Arbeiter der Post können bei einer täglichen Arbeitszeit von 8 Stunden in 4 Wochen (je 5 Arbeitstage) 64000 Pakete abfertigen. Wie viele Pakete können 14 Arbeiter in 3 Wochen bei täglich 6 Stunden Arbeitszeit abfertigen?

schnitt 5.2 diskutiert haben) und die Basis für selbstständiges Durchqueren des Stoffgebiets auf eigenen Lernwegen.

- Am Ende eines Schuljahres kann ein zusammenfassender Lernzirkel stehen, der sich auf zentrale Themen des gesamten vergangenen Jahres bezieht. In der Rückschau lassen sich so wesentliche Jahresinhalte von einem etwas höheren Standpunkt aus wiederholen und in einen Gesamtzusammenhang einordnen.
  Ein derartiger Lernzirkel bietet sich zum einen für die letzten Mathematikstunden eines Schuljahres an. Zum anderen kann er auch vor der letzten schriftlichen Leistungserhebung der Wiederholung und Festigung grundlegender Inhalte des gesamten Jahres dienen, so dass die letzte Prüfung den Charakter einer das Schuljahr zusammenfassenden Arbeit erhalten kann.

Betrachten wir als Beispiel einen Auszug aus einem Wiederholungszirkel für die 6. Jahrgangsstufe. Er ist der umfangreichen Sammlung von Lernzirkeln (Akademie für Lehrerfortbildung und Personalführung 2003) entnommen. Jede der insgesamt neun Stationen widmet sich einem zentralen Thema der 6. Jahrgangsstufe. Es kommt dabei nicht in erster Linie darauf an, dass die Schüler alle Aufgaben aller Stationen bearbeiten. Vielmehr sollten sie von jeder der Stationen zumindest einige Aufgaben lösen, um den zu Grunde liegenden Stoff der Jahrgangsstufe zu rekapitulieren. Die Vielzahl der angebotenen Aufgaben dient vor allem der Binnendifferenzierung und dem Ausgleich der unterschiedlichen Arbeitstempi der Schüler.

Tipp: Auch bei der Zusammenstellung von Aufgaben für einen Wiederholungszirkel kann Ihnen die Aufgabendatenbank SMART nützliche Dienste leisten.

6. Klasse	Station 6: Prozentrechnen	Übungszirkel

1. Durch den Einbau eines neuen Ölfilters wurde der jährliche Ölverbrauch einer Heizungsanlage von 3600 Liter auf 3150 Liter gesenkt. Wie viel Prozent sind dies?
2. Frau Meier hat dieses Jahr eine 2 %-ige Gehaltserhöhung und im letzten Jahr eine 3 %-ige Erhöhung bekommen. Heute verdient sie 3572,04 € im Monat.
   a) Welches Monatseinkommen hatte sie vor 2 Jahren?
   b) Um wie viel Prozent hat sich der Lohn in diesen 2 Jahren erhöht?
3. Ein Autohändler kauft ein Gebrauchtfahrzeug zu 40 % seines Neuwertes. Nach einigen Schönheitsreparaturen schlägt er auf diesen Betrag nochmals 25 % auf und verkauft den Wagen für 6000 €. Wie hoch war der Neuwert des Wagens?
4. Eine Firma wirbt in einer Zeitschrift mit einer Anzeige für ein neues Handy. Die Zeitung hat eine Auflage von 125000 Exemplaren. In der Handy-Firma schätzt man, dass 40 % aller Zeitungsleser auch die Anzeige lesen und 0,5 % davon ein Handy kaufen.
   a) Mit wie vielen Käufern durch die Anzeige rechnet die Firma?
   b) Lohnt sich die Werbung, wenn die Firma pro Handy 12 € Gewinn erzielt und die Anzeige 1500 € kostete?

5.3.4 Ferienaufgaben

Der Aufbau mathematischer Kompetenzen der Schüler ist ein langfristiger, die gesamte Schullaufbahn währender Prozess. Um den Wissensverfall von einem Schuljahr zum nächsten nicht allzu groß werden zu lassen, haben sich einige Schulen im BLK-Modellversuch SINUS entschlossen, den Schülern sog. Ferienaufgaben an die Hand zu geben. Es handelt sich dabei um Übungsblätter, die am Schuljahresende verteilt werden und Aufgaben zum Stoff des gesamten vergangenen Schuljahres enthalten. Die Bearbeitung erfolgt freiwillig, zu Beginn des neuen Schuljahres werden die Aufgaben und ihre Lösungen kurz besprochen. Neben dem Wiederholungs- und Übungseffekt bietet dieser Weg auch einen direkten Start ins neue Schuljahr:

- Zum einen findet man als Lehrkraft – auch wenn man eine Klasse neu übernimmt – bereits in der ersten Mathematikstunde leicht Anknüpfungspunkte an das vergangene Schuljahr.
- Zum anderen spüren die Schüler – auch bei einem Lehrerwechsel – eine gewisse Kontinuität im Mathematikunterricht. Es wird deutlich, dass die Inhalte des vergangenen Jahres auch im neuen Schuljahr noch Bedeutung besitzen. Die falsche Vorstellung des jährlich möglichen Neubeginns des Lernens „von Null an" wird vermieden.

Wie lassen sich nun derartige Ferienaufgaben in der Praxis zusammenstellen? Bereits ein Querschnitt der in den gängigen Schulbüchern angebotenen Aufgaben kann das Gewünschte leisten. Es müssen also nur aus den einzelnen Schulbuchkapiteln repräsentative Aufgaben ausgewählt und zu einem Arbeitsblatt kombiniert werden. Alternativ bietet schließlich auch hier die Aufgabendatenbank SMART eine reichhaltige Fundgrube für wiederholende Aufgaben mit der Möglichkeit, mit einigen Mausklicks ein ansprechendes Arbeitsblatt zu erzeugen.

Fazit

Führen wir uns (nochmals) exemplarisch vor Augen, was wir im Bereich des Grundwissens bei den Schülern erreichen möchten:

- Die Schüler sollten ein Bewusstsein dafür entwickeln, dass es im Fach Mathematik ein Grundwissen gibt, das für mathematisches Verstehen unerlässlich ist. Sie sollten Grundwissenssammlungen an der Hand haben, die sie aktiv zur Arbeit an und mit ihrem mathematischen Wissen nutzen können. In Abschnitt 5.2 haben wir hierzu verschiedene Wege diskutiert.
- Die Schüler sollten fundamentale Elemente eines abgegrenzten Grundwissens regelmäßig wiederholen. In diesem Abschnitt 5.3 konnten Sie dazu verschiedene Möglichkeiten kennen lernen, die den Schülern beim Arbeiten ein gewisses Maß an Selbstständigkeit und Eigenverantwortung abverlangen.
- Es genügt aber nicht, dass die Schüler nur ein Grundwissen im Sinne einer Sammlung isolierter Wissenselemente aufbauen bzw. präsent halten. Es kommt darüber hinaus darauf an, dass sie Zusammenhänge zwischen den Elementen erkennen und sie so ihr mathematisches Wissen vernetzen. Nur dann kann das Grundwissen für kreatives, problemlösendes Arbeiten in komplexen Situationen aktiv genutzt werden. Wir werden uns dieser Thematik im folgenden Kapitel 6 widmen.

Diskutieren Sie in Ihrem Kollegium zusammenfassend über Wiederholungsblätter, Karteikartenarbeit, Wiederholungszirkel, Ferienaufgaben etc. zum expliziten Wiederholen. Gibt es einen Weg, der Ihnen zusagt?
Probieren Sie eigene Ideen in Ihrem Unterricht aus! Bedenken Sie dabei aber, dass spürbare Verbesserungen im Wissen und Können der Schüler einer systematischen Arbeit am Grundwissen bedürfen und sich nur langfristig einstellen können.

6. Zusammenhänge entdecken – Wissen vernetzen

Haben wir uns im vorhergehenden Kapitel mit explizitem Wiederholen befasst, das in klar abgegrenzten Übungsphasen – unter Umständen unabhängig vom aktuellen Stoff – erfolgt, so wenden wir uns nun Ansätzen zu, die das Wiederholen in den regulären Unterrichtsverlauf integrieren und dabei insbesondere auf das Herstellen von Querverbindungen und Vernetzungen im Wissen der Schüler Wert legen.

Problemfeld: Segmentierung des Stoffes

Wir hatten uns bereits in Abschnitt 1.2 vor Augen geführt, dass der gängige Mathematikunterricht durch eine starke Segmentierung der Inhalte geprägt ist. Ein Stoffgebiet nach dem anderen, ein Lehrbuchkapitel nach dem anderen wird sorgfältig erarbeitet, gewissenhaft eingeübt, abgeprüft – und gerät dann wieder in Vergessenheit.
Dahinter steht die in Abschnitt 5.1 erwähnte Idee, die das Unterrichten ähnlich sieht wie das Aufbauen einer Mauer, das schrittweise, Stein um Stein erfolgt. Man muss nur jeden Stein liebevoll bearbeiten und sorgfältig neben seinen Nachbarn setzen, dann wird am Ende der Schullaufbahn schon eine stabile Mauer entstanden sein. Allerdings zeigen die alltäglichen Erfahrungen und die zahlreichen Leistungsstudien, dass dies in den meisten Fällen nicht gelingt.

6.

Kohärenter Unterrichtsaufbau

Die Schüler können nur dann ein solides, gut vernetztes mathematisches Wissen aufbauen, wenn auch der Unterricht entsprechend organisiert ist, wenn im Mathematikunterricht kontinuierlich und systematisch neue Inhalte mit früherem Stoff vernetzt werden.
Das explizite Wiederholen, wie wir es in Abschnitt 5.3 diskutiert haben, ist eine Seite der Medaille. Es zielt darauf ab, grundlegende Inhalte im mathematischen Wissen der Schüler präsent zu halten, dem Vergessen entgegenzuwirken.
Darüber hinaus ist es entscheidend, dass die Schüler auch Zusammenhänge zwischen den erworbenen Wissenselementen entdecken und sie Verknüpfungen in ihrem mathematischen Wissen herstellen. Nur auf der Basis eines gut organisierten Wissensnetzes ist ein Verständnis komplexerer Sachverhalte und ein flexibles Anwenden mathematischer Konzepte in problemhaltigen Kontexten möglich.
Allerdings stellt sich die Frage: *Wie kann ein derartiger Mathematikunterricht aussehen?*

6.1 Vernetzende Aufgaben

Der Mathematikunterricht und das Lernen der Schüler werden maßgeblich durch Aufgaben bestimmt – wir haben dies im Rahmen dieses Buches bereits mehrfach gesehen. Deshalb richten wir unseren Blick zunächst auf vernetzende Aufgaben, die dem aktuellen Stoff entspringen können, zu deren Bearbeitung aber Bezüge zu früheren Inhalten und das Herstellen von Zusammenhängen notwendig sind.
Betrachten wir dazu einige Beispiele. Sie sollen Ihnen exemplarisch bewusst machen, wie sich problembezogenes Wiederholen und gleichzeitiges Vernetzen mathematischer Inhalte in der alltäglichen Unterrichtspraxis realisieren lassen.

Beispiel 1

Das Trainieren von Rechenfertigkeiten mit n-ten Wurzeln ist oft ein relativ trockener Teil der Algebra. Klassischerweise dienen Plantagen sinnentleerter Termumformungsaufgaben als Übungsgrundlage. Die folgende Aufgabenstellung wurde im Rahmen des BLK-Modellversuchs SINUS an der Gesamtschule Guxhagen entwickelt (vgl. Universität Kassel 2003). Sie zeigt, wie Wurzelakrobatik in einer leicht fassbaren geometrischen Situation Sinn erhalten kann – eine gelungene Verknüpfung von Algebra und Geometrie!

Würfel und Wurzeln

Wie verhalten sich die Kanten zweier Würfel, deren Rauminhalte (Oberflächen) im Verhältnis
a) 1 : 3 b) 2 : 3 c) 1 : 4 stehen?

Beispiel 2

Auch die Idee zur nächsten Aufgabe wurde im Zusammenhang mit SINUS an der Gesamtschule Guxhagen entwickelt und erprobt:

Sitzverteilung

Informiere dich über die Verteilung der Sitze im Deutschen Bundestag (im Sächsischen Landtag, im Bezirkstag der Oberpfalz, ...) an die Parteien. Stelle die Daten in einem Kreisdiagramm dar.

Auf den ersten Blick sieht diese Aufgabe sehr harmlos und in mathematischer Hinsicht für Schüler höherer Jahrgangsstufen nicht besonders anspruchsvoll aus. Kreisdiagramme sind Schülern in der Regel gut vertraut, sie können sie lesen und interpretieren. Kreisdiagramme selbst herzustellen, ist dagegen eine durchaus anspruchsvolle Aufgabe, denn sie erfordert ein Verständnis und die Vernetzung mehrerer Aspekte der Schulmathematik: Bruchteile, Proportionen, Winkel, Kreis, Kreissektoren, evtl. Prozente, …
Aktuelle Anlässe zu einer derartigen Aufgabe gibt es nach Wahlen immer wieder. Der Mathematikunterricht sollte solche Anknüpfungspunkte zum Alltag nutzen – auch und insbesondere in höheren Jahrgangsstufen, wenn die zu Grunde liegenden mathematischen Inhalte bereits einige Jahre zurückliegen.

Beispiel 3

Schüler sind oftmals gewohnt, bei Problemstellungen im Mathematikunterricht genau die Lösungsverfahren einzusetzen, die sich aus der aktuell behandelten Unterrichtssequenz ergeben. Sie scheuen sich, über Lösungsvarianten nachzudenken oder nach evtl. einfacheren Strategien zu suchen. Dabei muss fairerweise bemerkt werden, dass die Aufgabenstellungen, mit denen sich die Schüler (auch in Leistungserhebungen) in der Regel konfrontiert sehen, solch ein Verhalten eher fördern bzw. sogar hervorrufen.
Dem können Aufgaben entgegenwirken, deren Formulierung keinen speziellen Lösungsweg andeutet, die aber eine Vielfalt methodischer Zugangsweisen geradezu anbieten. Dadurch ergeben sich in natürlicher Weise Lerngelegenheiten zum Wiederaufgreifen, aber auch Vernetzen verschiedener Themengebiete. Hierzu ein Beispiel, das Zugänge auf sehr unterschiedlichen Niveaus zulässt:

Rechtecke

Betrachte Rechtecke mit festem Umfang (z. B. $U = 18$ cm).
Wie hängt der Flächeninhalt dieser Rechtecke von deren Form ab?
Diskutiere hierüber mit deinem Nachbarn und stelle deine Überlegungen und Ergebnisse übersichtlich dar!

Es bieten sich vielfältige Lösungswege an:

- Ein erster Zugang könnte daraus bestehen, Rechtecke zu zeichnen, konkrete Messergebnisse in einer Tabelle darzustellen und sich dem Problem numerisch zu nähern.
- Mit dynamischer Mathematiksoftware kann ein Rechteck konstruiert werden, das sich bei konstantem Umfang in seiner Form kontinuierlich variieren lässt. Der jeweilige Flächeninhalt kann am Bildschirm angezeigt werden und es lässt sich sogar die Abhängigkeit des Flächeninhalts von der Rechteckslänge als Funktionsgraph darstellen (z. B. mit einem (x, y)-Punkt und seiner Spurkurve, vgl. Abschnitt 7.5).

- Man kann rein geometrisch begründen, dass das Quadrat unter allen umfangsgleichen Rechtecken die größte Fläche hat, etwa auf folgendem Weg:
  Gehen wir von einem nicht quadratischen Rechteck aus. Wir schneiden einen möglichst großen quadratischen Teil ab. Den Reststreifen zerlegen wir in zwei Hälften und legen diese – wie in der Skizze – an zwei benachbarte Seiten des Quadrats an.

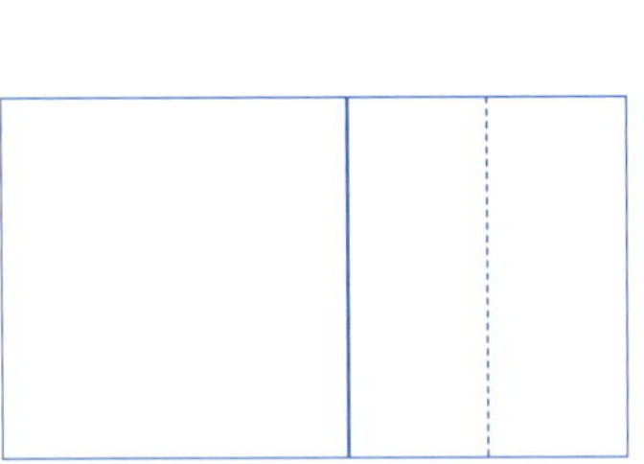

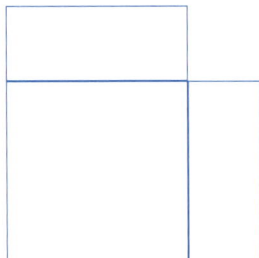

  Bei dieser Flächenverwandlung ändern sich weder Flächeninhalt noch Umfang der Figuren. Kippt man die einspringende Ecke aus, entsteht ein Quadrat gleichen Umfangs, aber größerer Fläche.
- Der nächste Weg verbindet geometrische Überlegungen mit algebraischer Argumentation: Wir gehen von einem nicht quadratischen Rechteck aus und zeichnen dazu ein Quadrat mit gleichem Umfang U, also mit der Seitenlänge $a = \frac{1}{4}U$.
  Das ursprüngliche Rechteck hat die Seitenlängen $a + x$ und $a - x$, also den Flächeninhalt $A = (a + x)(a - x) = a^2 - x^2$. Es ist damit kleiner als das Quadrat.

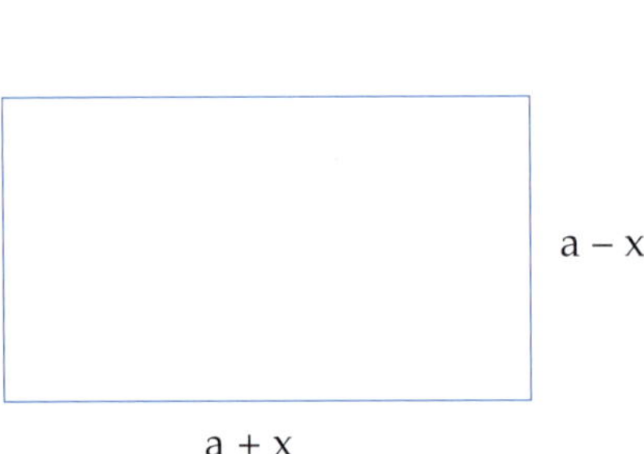

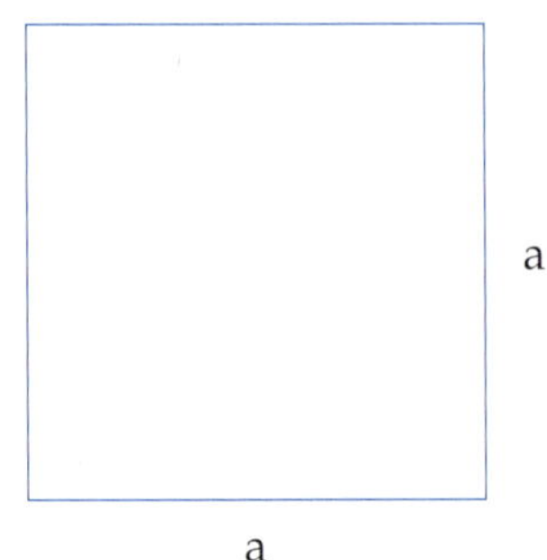

- Es bietet sich die Möglichkeit, die quadratische Abhängigkeit des Flächeninhalts umfangsgleicher Rechtecke von der Rechteckslänge auf 9. Klassniveau zu untersuchen und die zugehörige Parabel zu diskutieren:
  $A = l \cdot b = l \cdot (\frac{U}{2} - l)$
- Schließlich lässt sich die Aufgabe auch als Extremwertproblem mit dem Ableitungsbegriff der Oberstufe behandeln.

Gerade die Entwicklung und der wertende Vergleich verschiedenartigster Lösungsstrategien können vielfältige Bezüge innerhalb des mathematischen Wissens der Schüler schaffen und gleichzeitig demonstrieren, wie die verfügbaren mathematischen Werkzeuge gewinnbringend eingesetzt werden können.

(*Anmerkung:* Diese Aufgabe eignet sich natürlich auch ausgezeichnet zum Variieren – wie bereits in Abschnitt 3.6 erläutert. Statt Rechtecken kann man Dreiecke, Parallelogramme, n-Ecke, Quader, Pyramiden, … betrachten. Es ist jeweils zu prüfen, welche weitere Größe sinnvollerweise konstant gehalten werden soll.)

Beispiel 4

Auch die folgende Aufgabe bietet sehr unterschiedliche Zugangsmöglichkeiten und erzeugt damit Lernsituationen, in denen Zusammenhänge innerhalb der Schulmathematik entdeckt und Vernetzungen im Wissen der Schüler hergestellt werden können. Gleichzeitig besitzt sie einen historischen Bezug.

Ungleichung von Bernoulli

1) Warum gelten die folgenden Ungleichungen?

   a) $(1+x)^2 \geq 1+2x$ für $x \in [-1; \infty[$

   b) $\dfrac{1}{1+x} \geq 1-x$ für $x \in]-1; \infty[$

   Versuche, jeweils möglichst verschiedenartige Lösungswege zu finden.

2) Beweise die Ungleichung von Jakob Bernoulli:
   Für alle natürlichen Zahlen $n \in \mathbb{N}$ und alle $x \in [-1; \infty[$ gilt:
   $(1 + x)^n \geq 1 + nx$.

3) Informiere dich über Jakob Bernoulli sowie über weitere berühmt gewordene Persönlichkeiten aus seiner Familie!

Sehen wir uns exemplarisch die erste Ungleichung an:

- Man könnte rein algebraisch argumentieren: Klammern ausmultiplizieren (mit der binomischen Formel) und die beiden Seiten vergleichen.
- Man kann beide Seiten als Funktionsterme auffassen, die Graphen zeichnen und begründen, warum der eine Graph stets über dem anderen verläuft.
- Man könnte die Differenzfunktion betrachten (linke Seite – rechte Seite) und zeigen, dass sie keine negativen Werte annimmt.
- Man kann rein geometrisch argumentieren und den Term $(1 + x)^2$ als Flächeninhalt eines Quadrats interpretieren. Die Terme 1 und $2x$ finden sich als Teilflächen dieses Quadrats wieder.

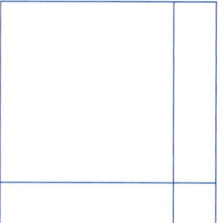

Wir sehen völlig unterschiedliche Zugangsmöglichkeiten: mit Algebra, Analysis oder Geometrie. Vor allem das Konzept mit Hilfe der Analysis erweist sich als besonders leistungsstark, wenn es in 2) um die Verallgemeinerung für natürliche Exponenten, die Ungleichung von Bernoulli, geht.
Wenn schon der Name Bernoulli fällt, bietet sich Auftrag 3) etwa als Referatsthema an. Man stößt im Mathematikunterricht immer wieder auf Inhalte, die mit bedeutenden Mathematikern in Bezug gesetzt werden können. (Man denke etwa an die Differentialrechnung oder die vielen Sätze der Geometrie, die nach Mathematikern benannt sind.) Es wäre schade, wenn sich solche Anknüpfungspunkte nur darauf beschränken würden, dass das jeweilige Geburts- und Todesjahr mitgeteilt wird. Im Unterricht sollte auch deutlich werden, dass die Mathematik, die wir heutzutage den Schülern präsentieren, ein Ergebnis einer jahrtausendelangen, oft mühsamen Entwicklung, ein Produkt menschlichen Kulturschaffens ist. Dadurch kann die Mathematik als lebendige Wissenschaft erfahren werden, die eng mit dem Leben und Denken von Menschen verbunden ist.
Zudem sind historische Exkurse in bestem Maße allgemeinbildend. Denn genauso wie man von einem gebildeten Menschen erwartet, dass er berühmte Maler oder Musiker einordnen kann, sollte man auch erwarten können, dass ihm bedeutende Mathematiker nicht völlig fremd sind. Als Ort für derartigen Wissenserwerb kommt wohl nur der Mathematikunterricht in der Schule in Betracht.

(*Anmerkung*: Die Ungleichung von Bernoulli lässt sich auf beliebige reelle Exponenten verallgemeinern. Hinsichtlich des Ungleichheitszeichens ist dabei zu unterscheiden, ob der Exponent zwischen 0 und 1 liegt oder nicht.
Beispielsweise ist $\sqrt{1+x} \leq 1+\frac{1}{2}x$ für $x \in [-1; \infty[$.)

Beispiel 5

Die nächste und in diesem Abschnitt letzte Aufgabe mit vernetzendem Charakter ist für die gymnasiale Oberstufe konzipiert, sie enthält zwei Extremwertprobleme. Das erste ist völlig ohne Rechenaufwand, allein mit geometrischem Vorstellungsvermögen, lösbar, das zweite ist vergleichsweise komplex und richtet sich vor allem an leistungsstärkere Schüler.

Papiertrichter

Aus einem kreisrunden Stück Papier wird ein Sektor herausgeschnitten und dieser so gefaltet, dass ein kegelförmiger Trichter entsteht.

a) Wie hängen die Form, die Oberfläche und das Volumen des Trichters von der Gestalt des Papiersektors ab?
b) Für welchen Sektor hat der Trichter die größte Oberfläche?
c) Bei welchem Sektor besitzt der Trichter das größte Volumen?

Diese Aufgabe erfordert und verbindet Kenntnisse aus verschiedenen Jahrgangsstufen und Gebieten der Schulmathematik, dadurch besitzt sie ein erhebliches Potential zur Wiederholung und Vernetzung:.

- Es bedarf genauer Vorstellungen, wie die Gestalt eines Kegels mit der Form seiner zu einem Sektor ausgerollten Mantelfläche zusammenhängt und welche Bedeutung die Maße des Sektors am Kegel besitzen. Mit diesen Vorstellungen ist die Frage nach der maximalen Oberfläche leicht beantwortet.
- Es werden Beziehungen für den Umfang und die Fläche eines Kreises (Grundkreis des Kegels) sowie die Bogenlänge eines Kreissektors (Mantelfläche) benötigt.
- Um die Höhe des Kegels zu bestimmen, ist der Satz des Pythagoras nützlich.
- Damit kann das Kegelvolumen in Abhängigkeit vom Mittelpunktswinkel des Kreissektors ausgedrückt werden.
- Von dieser Funktion ist das Maximum etwa mittels der Ableitung zu bestimmen.

(*Anmerkung*: Das Volumen des Trichters ist maximal, wenn der Mittelpunktswinkel des Sektors ca. 294° beträgt $\left(\sqrt{2/3}\cdot 360°\right)$. Beim zugehörigen Kegel ist der Radius des Grundkreises dann $\sqrt{2}$-mal so groß wie die Höhe.)

Ein Erfahrungsbericht

Die letzten fünf Beispiele haben uns vor Augen geführt, wie Aufgaben im alltäglichen Mathematikunterricht Anlässe für das Entdecken von Zusammenhängen und das Herstellen von Vernetzungen sein können. Natürlich sind derartige Wiederholungen im Einzelfall immer punktuell und exemplarisch. Wenn sie aber regelmäßig stattfinden, können sie eine tiefe Systematik erhalten.
Lassen wir abschließend zum Thema „Vernetzende Aufgaben" Kollegen aus der Gesamtschule Guxhagen zu Wort kommen, die von ihren Erfahrungen im BLK-Modellversuch SINUS berichten (Universität Kassel 2003):

„Es werden häufig ‚ganz normale' Aufgaben eingesetzt, die so oder so ähnlich z. T. schon lange in Schulbüchern stehen. Dies geschieht aber – angestoßen durch die Arbeit im Modellversuch – viel bewusster und auch häufiger als bisher.
Wenn man sich das Vernetzen in verstärktem Maße als Ziel vornimmt, dann – so die Erfahrungen – kann man auf diesem Gebiet viel erreichen, auch wenn das Ganze natürlich kein ‚Selbstläufer' ist. Wichtige Voraussetzungen sind dabei das gezielte und permanente Einbauen entsprechender Aufgaben in den Unterricht und in Klassenarbeiten. Dieser – mittlerweile selbstverständliche – Bestandteil jeder Klassenarbeit ist von besonderer Relevanz, da auf diese Weise die Bedeutung von Vernetzungen manifestiert wird.
Im Laufe der Zeit wird man – so die bisherigen Erfahrungen – immer sensibler für vernetzende Aufgaben und erkennt, wie eine vorgegebene Schulbuchaufgabe sinnvoll vernetzt werden kann oder wo eine geeignete Aufgabe aus einem anderen Themengebiet steht. Das bedeutet natürlich nicht, dass man nun gewissermaßen ‚zwanghaft' bei jeder Aufgabe nach Vernetzungen suchen sollte, sondern nur dann, wenn es sich anbietet oder gerade entsprechende Ziele im Unterricht angestrebt werden."

Suchen Sie – gemeinsam im Fachkollegium – für Ihren aktuellen Unterricht nach Aufgaben, die Verknüpfungen zwischen verschiedenen Aspekten der Schulmathematik herstellen und damit dem Wiederholen und Vernetzen dienen können.

Thematisieren Sie mit Ihren Schülern unterschiedliche Zugangsmöglichkeiten zu Aufgaben und Problemen, wann immer es sich anbietet.

6.2 Vernetzungen sichtbar machen

Jede Lehrkraft verfügt über eine gedankliche Ordnung der Begriffe und Inhalte ihrer Unterrichtsfächer. Sie sieht die Struktur ihrer Fächer im Gegensatz zu ihren Schülern aus einer übergeordneten Perspektive. Schüler müssen sich dagegen im Rahmen ihrer Lernprozesse diesen strukturellen Überblick über die Stoffinhalte und ihre Zusammenhänge erst allmählich individuell erarbeiten.
Greifen wir das Bild der Schüler als Wanderer auf eigenen Lernwegen nochmals auf: Die Schüler gehen ihre individuellen Lernwege Schritt für Schritt. Sie sollten dabei aber auch regelmäßig Pause machen, um auf ihren bislang geschafften Weg und die durchwanderte Landschaft aus einer neuen Perspektive mit mehr Erfahrung und Überblick zurückzusehen. Dadurch gewinnen sie zunehmend Orientierung und können sich in der durchquerten Landschaft sicherer bewegen.
Übertragen wir dies auf den Mathematikunterricht. Wir betrachten im Folgenden Lernsituationen, die den Schülern Hilfestellungen geben, um Übersicht über gelernte Inhalte und deren Zusammenhänge zu gewinnen. Auf diese Weise kann ein strukturiertes, geordnetes, aber auch vernetztes mathematisches Wissen entstehen.

Beispiel 1

Untersuchen wir exemplarisch, welches Vernetzungspotential die folgende Standardaufgabe bieten kann, die sich so oder so ähnlich in vielen Schulbüchern (etwa der 9. oder 10. Jahrgangsstufe) findet.

In ein gleichseitiges Dreieck wird ein möglichst großer Kreis gezeichnet.
Wie viel Prozent der Dreiecksfläche füllt die Kreisfläche aus?

Gelegentlich ist dieses Problem auch als Pseudo-Anwendungsaufgabe in einen Kontext eingekleidet, etwa: „Aus einem Blech, das die Form eines gleichseitigen Dreiecks hat, soll ein möglichst großes kreisförmiges Stück herausgeschnitten werden. …"

Es mag überraschen, welche Vernetzungen sich aus dieser unscheinbaren Standardaufgabe entfalten können. Es kommt nur darauf an, die vorhandenen inhaltlichen Querverbindungen im Mathematikunterricht zu thematisieren und sie den Schülern bewusst zu machen.

Die Lösung

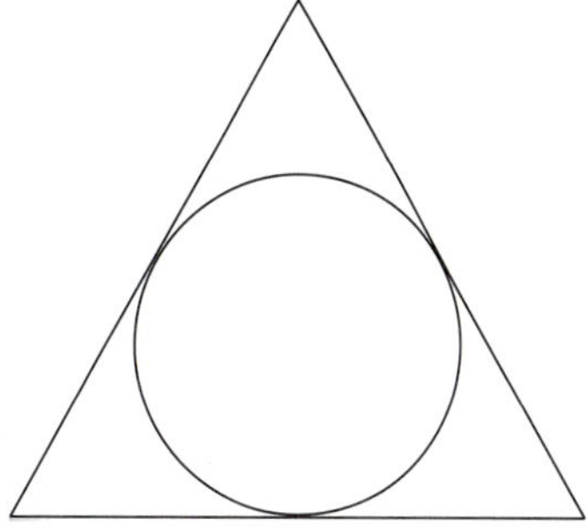

Führen wir uns kurz die Lösung der Aufgabe vor Augen: Die Seitenlänge des Dreiecks bezeichnen wir mit a. (Wir könnten auch einen Zahlenwert vorgeben.) Nach dem Satz des Pythagoras gilt für die Höhe h des Dreiecks $h^2 + \left(\frac{a}{2}\right)^2 = a^2$, also $h = \frac{1}{2}\sqrt{3}\,a$. Das Dreieck besitzt somit

den Flächeninhalt $A_{Dreieck} = \frac{1}{2}ha = \frac{1}{4}\sqrt{3}\,a^2$.

Der Mittelpunkt des Inkreises ist der Schnittpunkt der Winkelhalbierenden. Diese sind im gleichseitigen Dreieck gleichzeitig Seitenhalbierende und Höhen und werden vom Kreismittelpunkt (dem Schwerpunkt des Dreiecks) im Verhältnis 2 : 1 geteilt. Damit hat der Kreis den Radius $r = \frac{1}{3}h = \frac{1}{6}\sqrt{3}\,a$ und den Flächeninhalt $A_{Kreis} = r^2\pi = \frac{1}{12}\pi a^2$. Der Anteil der Kreisfläche an der Dreiecksfläche ist also $\frac{A_{Kreis}}{A_{Dreieck}} = \frac{\frac{1}{12}\pi a^2}{\frac{1}{4}\sqrt{3}\,a^2} = \frac{1}{9}\sqrt{3}\,\pi \approx 60{,}5\%$.

Innehalten und nachdenken

Sie haben nun die Lösung des Problems so wahrgenommen, wie sie die meisten Schüler – bestenfalls – wahrnehmen: als Folge von Überlegungen und Rechenschritten. Ist das Endergebnis ermittelt, kann zur nächsten Aufgabe weitergegangen werden. Doch halten wir einen Moment inne.

Es mag für die Schüler ausgesprochen beeindruckend sein, im Überblick zu sehen, welche mathematischen Inhalte sie bei der Lösungsfindung benutzt haben und wie diese Inhalte in Beziehung gebracht wurden. Initiiert können derartige Reflexionen etwa durch folgenden Auftrag werden:

> Welche mathematischen Begriffe und Inhalte haben wir bei der Bearbeitung der Aufgabe benutzt? Stelle sie in einem Diagramm übersichtlich dar!

Natürlich werden sich die meisten Schüler damit zunächst überfordert fühlen, wenn sie Derartiges noch nie vorher gemacht haben. Wenn man solche Reflexionen zum ersten Mal mit einer Klasse durchführt, empfiehlt sich ein gemeinsames Brainstorming im Klassenplenum, ein gemeinsames Ordnen und Strukturieren der Ideen. Am Ende könnte etwa das auf der folgenden Seite abgebildete Vernetzungsdiagramm an der Tafel und im Heft entstanden sein. (Der Übersichtlichkeit halber wurden nicht alle denkbaren Verbindungen zwischen den Begriffen mit Linien dargestellt.)

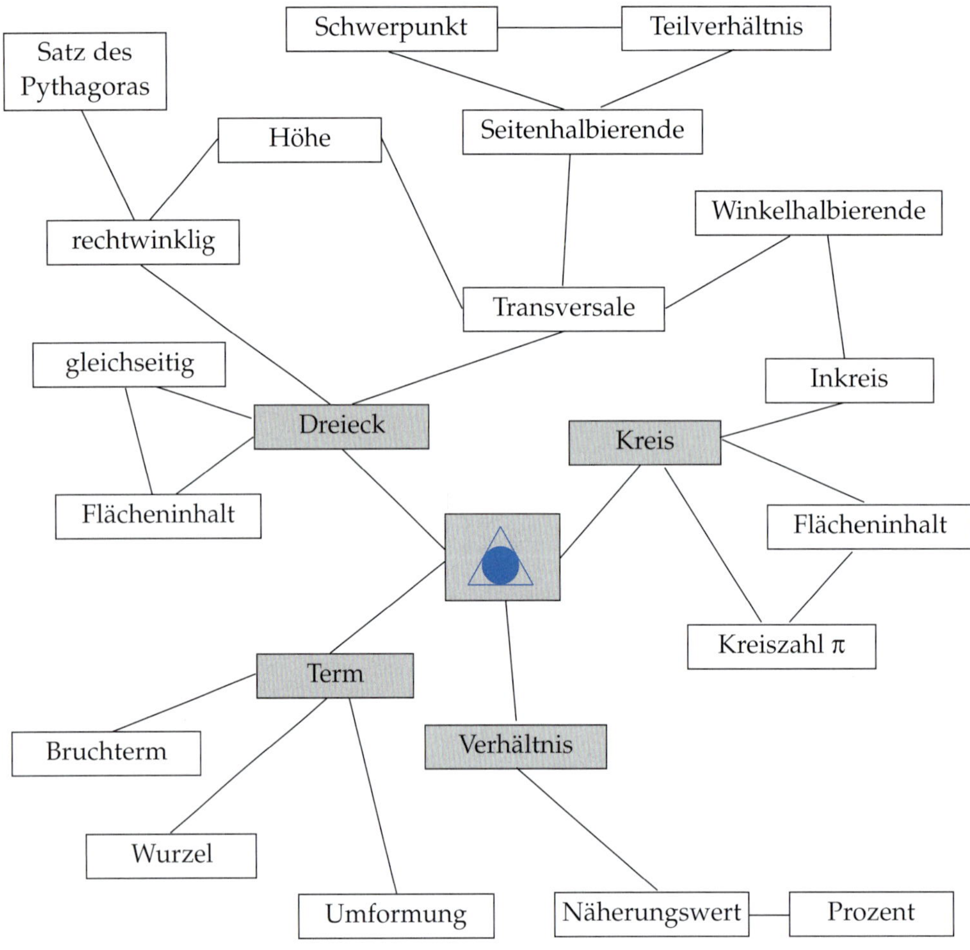

Es ist beeindruckend, welch umfangreicher stofflicher Hintergrund hinter der auf den ersten Blick unscheinbar wirkenden Aufgabe steckt! Dadurch wird auch klar, vor welchen Schwierigkeiten Schüler beim Bearbeiten dieser Aufgabe stehen können.

Welchen Sinn können derartige Vernetzungsdiagramme besitzen? Zunächst schaffen sie eindrucksvoll Übersicht und Klarheit über die zur Lösung verwendeten Begriffe und Inhalte. Der mathematische Kontext wird „sichtbar" und bleibt nicht nur – wie so oft – im gesprochenen Wort angedeutet (und damit unverstanden). Beziehungen zwischen Inhalten müssen überlegt werden. Damit besitzt das Diagramm aber auch einen Wiederholungswert: Alter Stoff wird im Zusammenhang bewusst gemacht bzw. aufgefrischt.

Sollten Schüler nicht zum Endergebnis der Aufgabe gelangt sein, kann das Diagramm darüber hinaus helfen, aufzuspüren, in welchen Bereichen sie nicht weitergekommen sind und wo Wiederholungsanstrengungen angebracht sind. Die Pauschalaussage „Ich habe die Aufgabe nicht gekonnt." kann somit differenziert werden, indem gefragt wird: „Was habe ich denn nicht gekonnt?"

Haben die Schüler an Beispielen erkannt, wie derartige Diagramme erstellt und gestaltet werden können, sollten sie solche auch eigenständig anfertigen (z. B. im Rahmen der Hausaufgaben), um nach der Lösung einer Aufgabe ihr Arbeiten zu reflektieren. Anstoß kann ein einfacher Auftrag bieten:

> Löse Aufgabe xy auf Seite yz. Stelle in einem Diagramm übersichtlich dar, welche mathematischen Begriffe und Inhalte du bei der Bearbeitung benutzt.

Variationen

Verweilen wir noch etwas bei obiger Aufgabe und denken wir über weitere Vernetzungsmöglichkeiten nach. Wir hatten bereits in Abschnitt 3.6 gesehen, dass es ausgesprochen ertragreich sein kann, Aufgaben als Kristallisationspunkte mathematischen Arbeitens zu nehmen, ausgehend von einer Aufgabe weitere verwandte Fragen zu erforschen, etwa indem man die Aufgabe variiert. Wir wollen den Gedanken des Variierens hier nicht in aller Konsequenz weiterverfolgen, sondern nur einige Ideen andeuten.
Beispielsweise kann die ursprüngliche Fragestellung weitergeführt werden, indem man andere Kombinationen von Flächen betrachtet:

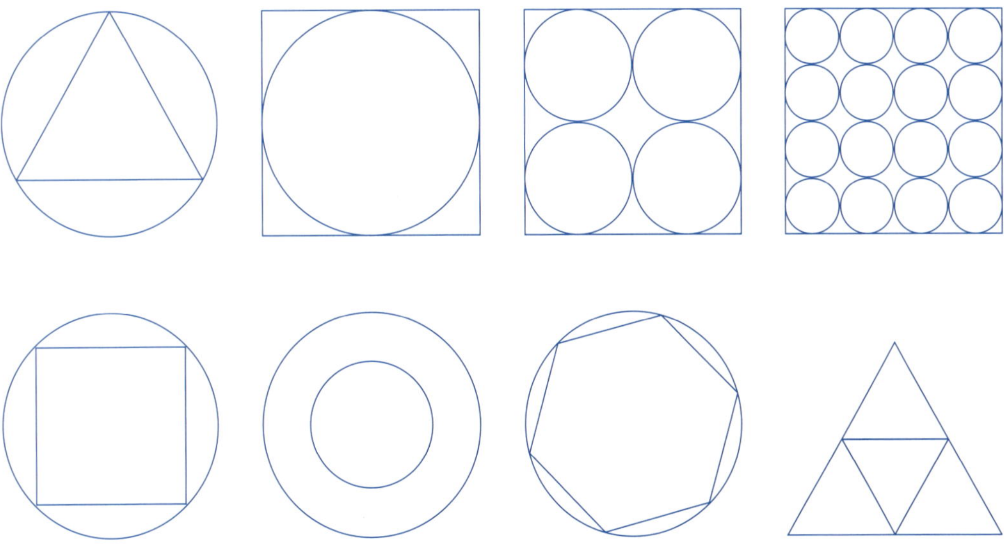

Eine substanziell neue Qualität erhalten die Variationen, wenn man die Zahl der Teilflächen gegen unendlich streben lässt. Ein Beispiel zur Illustration:

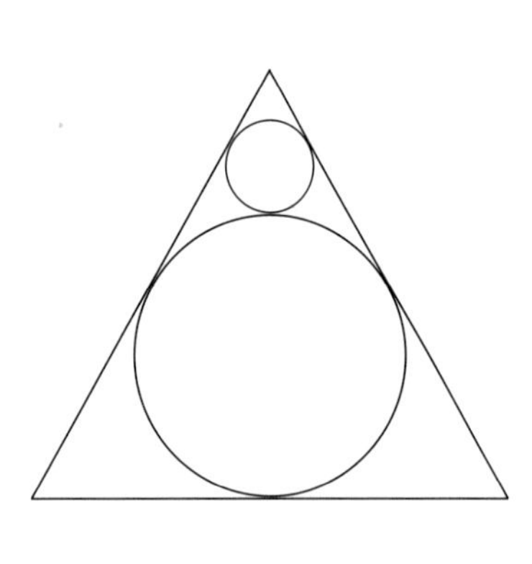

Auf den Kreis aus der obigen Aufgabe wird ein möglichst großer zweiter Kreis gesetzt. Wie verhalten sich die Flächeninhalte beider Kreise? Versuche, dein Ergebnis mit Worten und möglichst wenig Rechnung zu erklären.

Auf den zweiten Kreis wird entsprechend ein dritter, darauf ein vierter etc. gesetzt. So werden insgesamt unendlich viele immer kleiner werdende Kreise aufeinander gesetzt. Wie viel Prozent der Dreiecksfläche füllen alle diese Kreisflächen gemeinsam aus?

Zur ersten Frage: Die Radien beider Kreise verhalten sich wie 1 : 3, ihre Flächeninhalte also wie 1 : 9. Damit haben wir einen Bezug zu den Themen „Ähnlichkeit" und „zentrische Streckung" hergestellt.
Beim zweiten Problem kann die Gesamtfläche aller Kreise durch Berechnung der geometrischen Reihe $1 + \frac{1}{9} + \frac{1}{81} + \ldots = \frac{9}{8}$ bestimmt und mit der Dreiecksfläche verglichen werden.

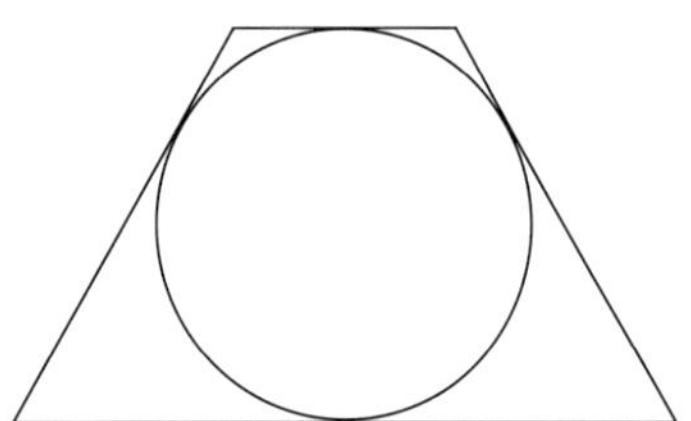

Einen substanziell anderen Lösungsweg erhält man, wenn man vom Dreieck den oberen Teil abschneidet, so dass ein Trapez entsteht, dem der große Kreis einbeschrieben ist. Das Verhältnis zwischen der Kreisfläche und der Trapezfläche $\frac{A_{Kreis}}{A_{Trapez}} = \frac{1}{8}\sqrt{3}\,\pi \approx 68\%$ ist gleich dem gesuchten Verhältnis.

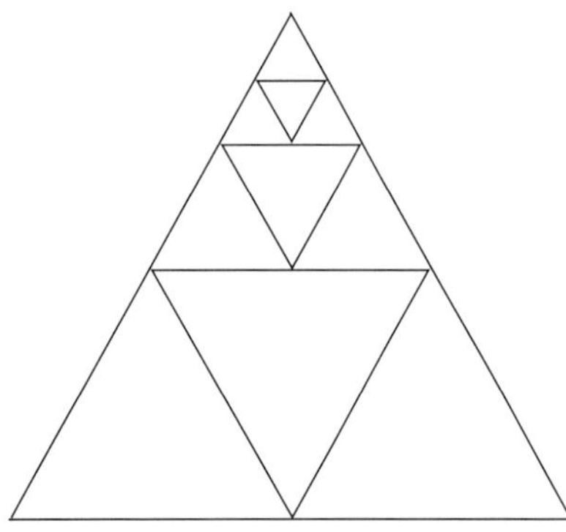

Die Überlegungen lassen sich weiter variieren, etwa indem man statt der Kreise „auf den Kopf gestellte" gleichseitige Dreiecke betrachtet. Der Rechenaufwand ist dabei deutlich geringer als bei Kreisen.

Wir führen diese Idee noch dadurch weiter, dass wir Schritt für Schritt – wie skizziert – in alle jeweils entstehenden Restflächen immer kleiner werdende gleichseitige Dreiecke zeichnen:

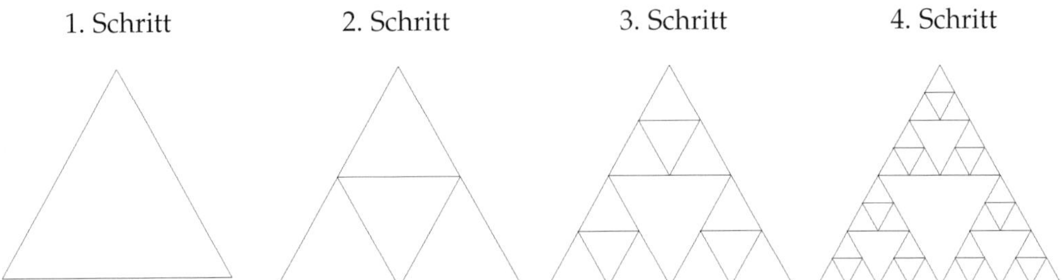

Diese Figuren können Anlass zu vielerlei Überlegungen bieten: Zahl der Dreiecke, Symmetrie, Ähnlichkeit, Größenverhältnisse, Flächeninhalte, Umfänge, ... Als Grenzfigur ergibt sich bei unendlich vielen Schritten das Sierpinski-Dreieck:

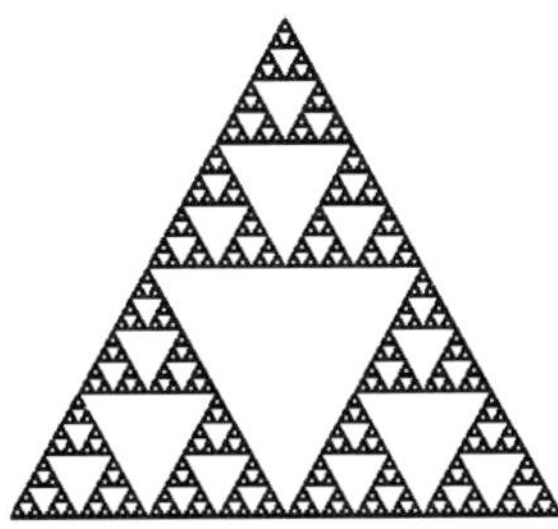

Diese Figur wurde 1916 vom polnischen Mathematiker Waclaw Sierpinski (1882–1969) vorgestellt. Sie ist selbstähnlich – sie ist aus Teilmengen zusammengesetzt, die zur Gesamtfigur ähnlich sind. Unvermittelt sind wir bei Fraktalen angelangt. Fraktale (wie die Mandelbrot-Menge oder Julia-Mengen) wirken aufgrund ihrer fremdartigen Ästhetik in der Regel auf Schüler sehr ansprechend und bieten Interessierten ein reizvolles Feld, in dem moderne Mathematik experimentell erforscht werden kann.
Zum Thema „Fraktale in der Schule" gibt es mittlerweile viel Literatur. Exemplarisch sei auf die Bücher (Zeitler, Neidhardt 1994) und (Peitgen u. a. 1998) verwiesen. Es kann sich auch lohnen, Internet-Suchmaschinen auf Begriffe wie „Sierpinski-Dreieck" oder „Mandelbrot-Menge" anzusetzen. Dadurch findet man freie Software zur Erforschung dieser Fraktale in der Schule. Die obigen Bilder zum Sierpinski-Dreieck wurden beispielsweise mit Java-Applets auf der Seite http://www.jjam.de erstellt.
So viel zum Ausblick in die Welt der Fraktale. Rekapitulieren wir, welche Bereiche wir ausgehend von unserer Initialaufgabe mittlerweile noch berührt haben. Wir könnten das obige Vernetzungsdiagramm um einige Äste erweitern:

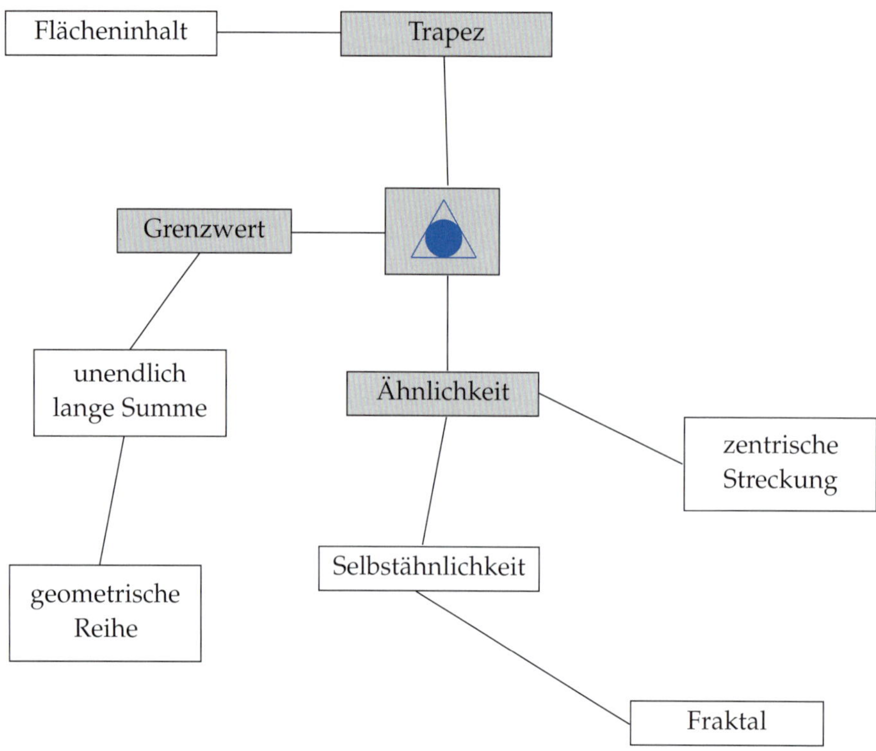

Beispiel 2

Im Laufe ihrer Schulzeit lernen die Schüler viele Begriffe. Beispielsweise werden in Zusammenhang mit den Rechenarten Fachvokabeln wie „Summand", „Quotient", „potenzieren" etc. eingeführt. Die Schüler lernen diese Vokabeln nach und nach und müssen implizit erkennen, dass etwa Begriffe wie „Summe" und „Differenz" gleicher Art sind, „Produkt" und „Dividend" dagegen nicht. Kurz: Sie sind gefordert, vor ihrem inneren Auge eine Ordnung zu diesem Begriffsfeld zu entwickeln.
Zumeist wird diese Ordnung im Unterricht nicht explizit thematisiert. Doch warum eigentlich nicht? Ausgangspunkt kann hierzu etwa folgende (Haus-)Aufgabe bilden:

Vokabeln der Mathematik

Entwirf eine Übersicht zu den Begriffen Summe, Minuend, Exponent, dividieren, ...!

Worauf kommt es hierbei an? Die Schüler sind zunächst gefordert, zu rekapitulieren, welche Vokabeln sie in diesem Zusammenhang gelernt haben. Im Regelfall stehen diese über verschiedene Stellen im Mathematikheft verteilt. Die Schüler müssen also ihr Heft nochmals durchblättern, die verschiedenen Begriffe sammeln, in gegenseitige Beziehungen setzen, ordnen und sie schließlich in einer Übersicht darstellen. Der Lerneffekt hierbei ist nicht zu unterschätzen! Natürlich wird jeder Schüler eigene Wege gehen. Ergebnis könnte eine Übersicht folgender Art sein:

Vokabeln in der Mathematik

	Der gesamte Ausdruck heißt	Die erste Zahl heißt	Die zweite Zahl heißt	Die Rechenoperation heißt
$a + b$	Summe	1. Summand	2. Summand	addieren
$a - b$				
$a \cdot b$				
$a : b$				
a^b				

Beispiel 3

Der Auftrag an die Schüler, strukturierende Übersichten über abgegrenzte Stoffgebiete zu entwerfen, bietet sich in vielen Zusammenhängen an. Betrachten wir als weiteres Beispiel den Themenkomplex „Flächeninhalt". Die Kernidee „Wie kann ich Flächeninhalte bestimmen?" zieht sich als roter Faden durch die gesamte Sekundarstufe. Die Schüler lernen im Lauf der Jahre eine Vielzahl von Flächeninhaltsformeln kennen (angefangen vom Rechteck über den Kreis und die Kegeloberfläche bis hin zum bestimmten Integral). Es erscheint ausgesprochen sinnvoll, sich diese oft isoliert gelernten Formeln im Zusammenhang bewusst zu machen, sie zu ordnen und zu überlegen, welche Formeln eigentlich nur Spezialfälle von allgemeineren sind.
Ausgangspunkt kann etwa der Auftrag sein:

Flächeninhalte

Entwirf eine Übersicht über Flächenformen (z. B. Trapez, Kreissektor, Zylindermantel), deren Inhalt du direkt berechnen kannst.

Dabei kann sich ein Begriffsnetz folgender Gestalt entwickeln:

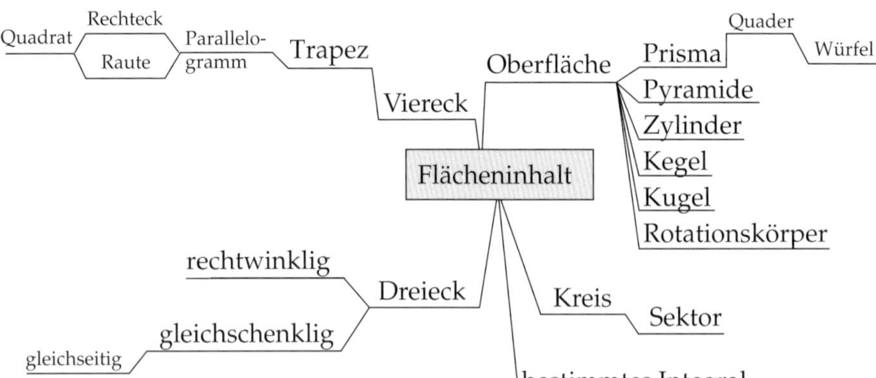

Als Lehrer sind einem die zu Grunde liegenden Zusammenhänge bewusst. Haben aber auch die *Schüler* diese Ordnung im Kopf? Viele Schüler sehen die Mathematik eher als großes Puzzlewerk, von dem sie ein Puzzleteil nach dem anderen erkunden (müssen). Sie sind auch schon zufrieden, wenn sie das jeweils aktuelle Puzzleteil und seine unmittelbaren Nachbarn einigermaßen überblicken können, um in den (dazu passenden) Leistungserhebungen über die Runden zu kommen. Ist es aber unser Ziel, solche oder so ähnliche Vorstellungen bei unseren Schülern zu erreichen? Vermutlich nein.
Deshalb ist es ein Anliegen der strukturierenden Übersichten, Klarheit und Überblick im Kopf der Schüler zu fördern. Die Schüler sollen sehen, wie die mathematischen Inhalte zusammenhängen und dass das Neue oft nicht völlig neu, sondern nur eine Weiterführung von Altem ist.

Aufträge zur Zusammenfassung, Strukturierung und Visualisierung sind insbesondere immer dann sinnvoll, wenn die Schüler in einem Stoffgebiet einen (vorläufigen) Abschluss erreicht haben. Einige weitere – willkürlich gewählte – Beispiele:

Erstelle eine Übersicht zum Thema:
- Rechnen mit Brüchen
- Dreiecke
- Vierecke
- Volumenberechnung
- Gleichungssysteme
- Quadratische Gleichungen
- Die Graphen der Potenzfunktionen
- Lage und Form bei Graphen von Sinusfunktionen
- …

Zum praktischen Einsatz im Unterricht: Die Schüler könnten ihre Arbeiten so gestalten, dass man sie im Klassenzimmer aushängen kann. Mathematik wird dadurch im Schulleben „sichtbar". Es lässt sich in der Klasse diskutieren, welche Übersicht die „schönste" ist oder welche Darstellungsart am zweckmäßigsten ist. Auf diese Weise lassen sich im Mathematikunterricht auch die Visualisierungs- und Präsentationsfertigkeiten der Schüler fördern – Schlüsselkompetenzen, die nicht zuletzt im Berufsleben von erheblicher Bedeutung sind.
Natürlich besteht ein enger Bezug zu dem in Abschnitt 5.2 besprochenen eigenständigen Anfertigen einer Grundwissenssammlung durch die Schüler – etwa auf Karteikarten oder in einem Merkstoffheft. Die zusammenfassenden Übersichten können und sollten inhaltlicher Bestandteil derartiger Grundwissenssammlungen sein. Sie dienen dem individuellen Lernen und können auch Basis für späteres Wiederholen sein.

Überlegen Sie, zu welchen Inhalten Sie von Ihren Schülern strukturierende Übersichten entwickeln lassen könnten.

6.3 Mit Kernideen arbeiten

Wir haben bislang im Zusammenhang mit dem Aufbau von Vernetzungen im mathematischen Wissen der Schüler unseren Blick vor allem auf Aufgabenstellungen und Arbeitsaufträge gerichtet. Aufgaben können aber nicht alles leisten. Auch der Mathematikunterricht an sich muss sich am Ganzen orientieren. Dabei sind zwei Aspekte von Bedeutung:

- **Mathematik als Netz:** Die Schüler müssen erleben, wie die im Lauf der Jahrgangsstufen erarbeiteten Inhalte zusammenhängen, wie sie aufeinander aufbauen und welch vielfältige Querverbindungen bestehen. Die „roten Fäden", die sich durch die Schulmathematik ziehen und dieser inhaltliche Kohärenz verleihen, müssen für Schüler sichtbar sein. Nur dann kann die Beschäftigung mit Mathematik den Charakter eines kontinuierlichen Weiterentwicklungsprozesses gewinnen und nicht als „Abhaken" voneinander isolierter Kurzetappen empfunden werden.
  Der Mathematikunterricht ist also so zu konzipieren, dass regelmäßig Bezüge zwischen früheren, aktuellen und evtl. künftigen Inhalten sowie Querverbindungen zwischen verschiedenen Themenbereichen hergestellt und genutzt werden. Ein zusammenhangsloses Abarbeiten eines Lehrbuchkapitels nach dem anderen kann nicht genügen.

- **Das Einzelne im Ganzen:** Zum andern sollten die Schüler regelmäßig spüren, dass sich die jeweils aktuellen Tätigkeiten sinnvoll in ein größeres Ganzes einordnen lassen. In der Regel ist jede Unterrichtsstunde in einen umfassenderen Themenkreis eingebettet, der seinerseits Bedeutung im gesamten Netz der Schulmathematik besitzt. Die Lehrkraft hat diesen Überblick vor Augen und orientiert sich daran. Aber auch die Schüler sollten übergeordnete Bezüge ihres Arbeitens erkennen, damit sie die aktuellen Inhalte in ihr bestehendes Wissensnetz integrieren und letztendlich ihrem eigenen Tun Bedeutung verleihen zu können.

Nur wenn man beide Aspekte berücksichtigt, kann bei den Schülern ein sinnreiches Bild von Mathematik entstehen, kein Puzzlewerk, bei dem sie stets nur aussagelose einzelne Teilchen bearbeiten.
Allerdings stellt sich die Frage, wie diese Ziele in der Unterrichtspraxis realisiert werden können. Mit vernetzenden Aufgaben und dem Herstellen zusammenfassender Übersichten haben wir in den beiden vorhergehenden Kapiteln bereits konkrete Unterrichtselemente kennen gelernt. Wenden wir und nun mehr der grundlegenden Konzeption des Arbeitens im Mathematikunterricht zu. Ausgangspunkt und tragfähige Basis eines Unterrichts, der sich an größeren Zusammenhängen orientiert, kann das Konzept der „Kernideen" sein, wie es von den beiden bereits in Abschnitt 2.4 erwähnten Schweizer Didaktikern P. Gallin und U. Ruf entwickelt wurde.
Um einen ersten Eindruck zu erhalten, was sich hinter der Orientierung an Kernideen verbirgt, lassen wir einen Kollegen aus der Herzog-Tassilo-Realschule Dingolfing zu Wort kommen, der das Arbeiten mit Kernideen zum Leitprinzip seines Mathematikunterrichts gemacht hat (vgl. Anneser 2002):

Kernidee 1: Mit Dreiecken bekommt man Vermessungsprobleme in den Griff

„Herkömmlicher Mathematikunterricht leidet an der Segmentierung, der Aufteilung in immer kleinere Lernschritte, die eine Gesamtschau verhindern. Segmentierung bringt kurzfristige Erfolge („Pauken" ist die Höchstform der Segmentierung), ist aber langfristig erfolglos. Segmentierung erzeugt Stoffdruck durch die Aufteilung in lauter kleine Lernschritte. Die segmentierende Didaktik räumt den Schülern alle Hindernisse aus dem Weg, nur um sie im Ernstfall um so drastischer stolpern zu lassen.
Dagegen steht die Didaktik der Kernideen, die immer das Ganze im Blick hat. Es lohnt sich für den Lehrer, vor der Einführung eines neuen Stoffgebietes zu überlegen: Was fasziniert (mich persönlich) an diesem Gebiet? Was ist der Witz der Sache? Kann ich mit wenigen Sätzen den Kern treffen? Was wird wohl später von diesem Stoff noch hängen geblieben sein? Wo treffe ich die Welt der Schüler? Wie kann ich sie damit zum eigenen Handeln anregen? Gallin/Ruf nennen diese Überlegungen die Suche nach den Kernideen.

Ein Beispiel: *Dreieckslehre, 8. Jahrgangsstufe.*
Ein Blick in ein übliches Lehrwerk mag genügen, um zu verstehen, was unter Segmentierung gemeint ist: 1. Kapitel: Seite-Winkel-Beziehungen, 2. Kapitel: sss, 3. Kapitel: sws und so weiter und so fort. Nach mehreren Wochen weiß der Schüler alles und nichts. Viele Details, aber keinen Zusammenhang.
Versuch einer Kernidee: Auf dem 10-DM-Schein war ein kleines unscheinbares Bildchen: Die Vermessung der Deutschen Bucht mit Hilfe eines Dreiecks-Netzes. Das ist für mich

die Kernidee der Arbeit mit Dreiecken. Mit Dreiecken und eigentlich nur mit Dreiecken kriege ich Messprobleme in den Griff. Dreiecke sind mit nur drei Hauptstücken eindeutig festzulegen. Mit dieser Kernidee eröffnen sich unerschöpfliche Ideen für die Selbsttätigkeit der Schüler im Gelände oder nur auf dem Papier. Diese Kernidee ist mit wenigen Worten umrissen und öffnet eine ganze Mathematikwelt: von den Kongruenzsätzen zu den ähnlichen Dreiecken bis zur Trigonometrie!

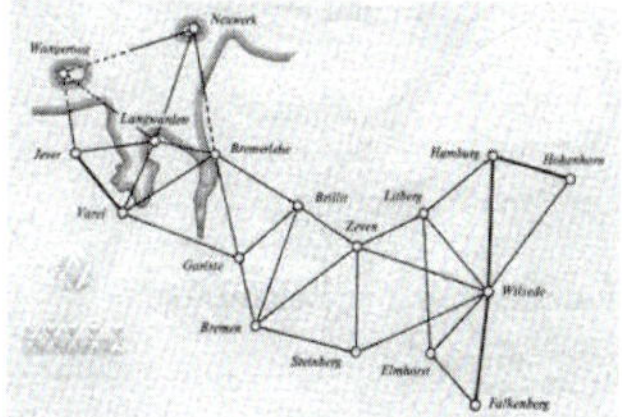

Kernideen sind anfangs kleine Kreise, die im Laufe der Zeit immer größer werden. Man könnte jederzeit aufhören und hätte bereits einen perfekten Kreis.

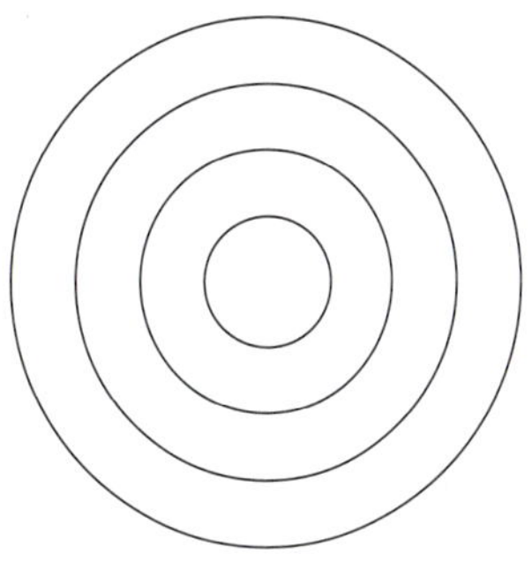

Wer dagegen mit Segmenten arbeitet, muss solange daran bleiben, bis alle Segmente den Kreis ergeben. Ob dann die ersten Segmente noch erkennbar sind? So entsteht Stoffdruck, man hat immer das Gefühl, bei den Schülern immer wieder von vorne anfangen zu müssen."

Was sind Kernideen?

Machen wir uns klar: Die Kernidee „Mit Dreiecken bekommt man Vermessungsprobleme in den Griff" ist weitaus mehr als ein ansprechendes Einführungsbeispiel in der sog. Motivationsphase. Sie ist eine Idee, die die gesamte Unterrichtseinheit trägt und die über den Stoff der aktuellen Jahrgangsstufe hinausweist. Sie kann später immer wieder – etwa im Rahmen der Ähnlichkeit, der Satzgruppe des Pythagoras, der Trigonometrie oder der Analytischen Geometrie – aufgegriffen und vertieft werden. Auf diese Weise entstehen Klammern, die die Schulmathematik zusammenhalten.

> Kernideen sind Ideen, Fragestellungen oder Probleme hoher Tragweite, anhand derer sich ganze Themenkomplexe erschließen lassen und die – in verschiedenen Jahrgangsstufen aufgegriffen – Zusammenhänge innerhalb der Schulmathematik deutlich werden lassen.

Gallin und Ruf schreiben hierzu (vgl. Gallin/Ruf 1998(a), Band 2, S. 29):

„Kernideen sind der Auftakt zum Lernen auf eigenen Wegen.
Sie fangen ganze Stoffgebiete in vagen Umrissen ein,
rücken eine provozierende Eigenheit in den Vordergrund
und laden zu einem partnerschaftlichen Dialog ein."

Kernideen weisen also stets über die gegenwärtige Unterrichtssequenz hinaus. Sie lassen das Gefühl und die Einsicht entstehen, dass sich die aktuellen Tätigkeiten sinnvoll in ein größeres Ganzes einordnen, das beim Lernen auf eigenen Wegen allmählich durchkreuzt und damit erschlossen wird.

(*Anmerkung:* Das Gesamtkonzept von Gallin und Ruf zum Lehren und Lernen mit Kernideen ist weitaus umfassender, als es hier dargestellt werden kann (vgl. etwa die Ausführungen in Gallin/Ruf 1998(a) und (b)). Wir beschränken uns bei unserem Blick in die Schweiz vor allem auf die mathematische Dimension, den Sachaspekt der Kernideen. Gallin und Ruf sehen Kernideen darüber hinaus immer auch im persönlichen Erleben und im Erfahrungsschatz der Personen, die sie gefunden haben, verankert und betonen die Fähigkeit von Kernideen, zum Dialog herauszufordern. Subjektive Züge von Kernideen werden auch von (Leuders 2004) hervorgehoben.)

Wie findet man nun Kernideen für den eigenen Unterricht? Im Erfahrungsbericht von F. Anneser werden Tipps gegeben. Suchen Sie sich ein Gebiet der Schulmathematik und fragen Sie sich, was für Sie persönlich der Kern der Sache ist. Woran kann sich ein Erschließen und Verstehen der Thematik entspinnen? Was sollten Ihre Schüler auch nach Jahren noch behalten haben, wenn viele Details längst vergessen sind?

Als Ausgangspunkt können Ihnen beispielsweise Fragen folgender Art dienen:
- Wozu braucht man Zahlen?
- Wie funktioniert Messen?
- Wozu braucht man Dreiecke?
- Wie lassen sich Flächeninhalte ermitteln?
- Wie kann man Volumina bestimmen?
- Wozu braucht man Variablen?
- Was können Terme leisten?
- Wozu benötigt man Gleichungen?
- Wie lassen sich funktionale Abhängigkeiten darstellen bzw. untersuchen?
- Was ist eigentlich Steigung?
- Was kann man über zufällige Ereignisse vorhersagen?
- ...

Wenn man über derartige Fragen nachdenkt, erkennt man „Kerne" der Schulmathematik. Es zeigen sich Zusammenhang stiftende „rote Fäden", grundlegende Thematiken, die sich durch viele Jahrgangsstufen hindurch ziehen und dabei unter verschiedenen Blickwinkeln immer wieder aufgegriffen und weiterentwickelt werden. Dieses Bewusstsein und dieses Verständnis für Mathematik bei Schülern zu entwickeln, ist ein Ziel des Konzepts der Kernideen.
Griffig und handhabbar werden Kernideen durch Phänomene, Situationen oder Problemstellungen, anhand derer sich ein Erkunden der zu Grunde liegenden Mathematik entwickeln kann. Im Erfahrungsbericht von F. Anneser haben wir mit Vermessungsproblemen bereits ein Beispiel kennen gelernt. Führen wir uns zwei weitere vor Augen. Sie zeigen, wie Kernideen Schüler beim Lernen über Jahrgangsstufen hinweg begleiten können.

Kernidee 2: Steigung kann man mit Zahlen beschreiben

Greifen wir aus obiger Liste exemplarisch die vorletzte Frage „Was ist eigentlich Steigung?" heraus. Jeder, der einmal einen Berg erklommen hat, konnte am einen Leib Erfahrungen mit Steigung machen. Lässt sich diese zunächst rein geometrische Eigenschaft quantifizieren? Offenbar ja, wenn man an die in den folgenden Aufgaben abgebildeten Verkehrsschilder denkt. Sie können als Träger der Kernidee „Steigung kann man mit Zahlen beschreiben" dienen.
Jeder Schüler ist bereits an derartigen Schildern vorbeigefahren, jeder Schüler lernt in der Sekundarstufe die Begriffe „Prozent" und „Steigung" kennen. Ist aber wirklich jedem Schüler bewusst, was diese Verkehrsschilder bedeuten und welche Beziehungen hier zwischen dem in der Schule Gelernten und individuellen Alltagserfahrungen (z. B. auf dem täglichen Schulweg) bestehen?

Beim Thema Steigung denkt man vielleicht zuerst an Steigungen von Geraden im Koordinatensystem oder an die Differentialrechnung der gymnasialen Oberstufe mit der Ausformung des Steigungsbegriffs für Funktionsgraphen. Allerdings kann und sollte sich die Kernidee „Steigung kann man mit Zahlen beschreiben" bereits ab der 6. oder 7. Jahrgangsstufe allmählich entfalten und so eine Jahrgangsstufen verbindende Klammer der Schulmathematik bilden. Einige Aufgaben zur Illustration:

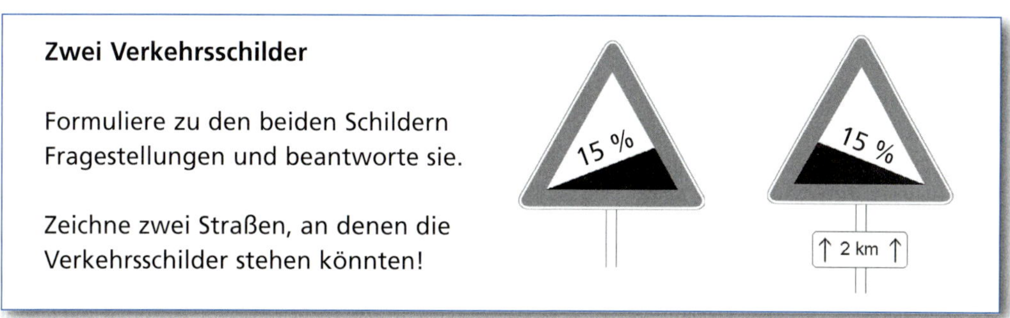

Zwei Verkehrsschilder

Formuliere zu den beiden Schildern Fragestellungen und beantworte sie.

Zeichne zwei Straßen, an denen die Verkehrsschilder stehen könnten!

Verschiedene Steigungen

a) Wie sieht ein Weg mit 100 % (50 % bzw. 200 %) Steigung aus?

b) Die steilste Straße der Welt soll im neuseeländischen Ort Duneddin sein. Sie hat den Steigungswinkel 31°. Ermittle die Steigung in Prozent.

(Diese Aufgabe stammt aus der Arbeit der SINUS-Schulen in Hessen.)

c) Die steilste Zahnradbahn der Welt fährt auf den Pilatus (Schweiz). Auf einem Streckenabschnitt von 1130 m Länge überwindet sie gleichmäßig einen Höhenunterschied von 489 m.
Wie groß ist in diesem Streckenabschnitt die Steigung?
Wie lang erscheint diese Stecke auf einer Karte im Maßstab 1 : 25 000?

(Diese Aufgabe wurde im Rahmen von SINUS an der Gesamtschule Guxhagen konzipiert.)

Steigungen in Schottland

An einer Straße in Schottland steht das abgebildete Verkehrsschild.

a) Welche Bedeutung hat wohl dieses Schild?

b) Welcher Höhenunterschied wird auf dieser Strecke überwunden?

(Das Bild wurde dem Lehrbuch „Lambacher, Schweizer, Bayern 6, Klett Verlag, Stuttgart 2000" entnommen.)

Gefälle des Rheins

Straßburg liegt 140 m, Mainz 82 m über dem Meeresspiegel.

a) Wie viel Prozent beträgt das durchschnittliche Gefälle der Rheins zwischen Straßburg und Mainz?

b) Informiere dich möglichst umfassend über die Städte Straßburg und Mainz und berichte deinen Mitschülern darüber!
Welche besondere Bedeutung besitzt Straßburg in der Europäischen Union?

In Abschnitt 3.3 hatten wir gesehen, dass die Fähigkeit, Sachverhalte nach mathematischen Gesichtspunkten zu beurteilen, eine Facette mathematischer Grundbildung darstellt. Auch das Thema „Steigung“ kann zu Stellungnahmen herausfordern:

Skispringen

Ein Sportreporter berichtet von einem Skisprungwettkampf:

> „... Im Startbereich hat die Sprungschanze ein Gefälle von 100 %. Für die Skispringer bedeutet das fast freien Fall ...“

Nimm Stellung zu dieser Meldung!

Ein Zeitschriftenartikel

In der Zeitschrift „ADAC Motorwelt“, Ausgabe 12/2001, waren folgende Frage eines Lesers sowie die Antwort der Redaktion abgedruckt:

> „Bei Bergstrecken weisen Schilder auf die Steigung oder das Gefälle hin. Wie steil sind z. B. 15 %?“
> „Die Prozentangaben lassen sich mit einer einfachen Formel umrechnen: Eine Steigung von – nur rein theoretisch möglichen – 100 % ergibt sich, wenn Sie nach einer zurückgelegten Strecke von 100 Metern einen Höhenunterschied von 100 Metern überwinden würden. Bei 15 % hätten Sie also nach 100 Metern Fahrt 15 Meter an Höhe gewonnen. Übrigens: Besonders steile Passstraßen haben bis zu 22 % Steigung, Rampen in Tiefgaragen zirka 15 %.“

Nimm zu diesem Zeitschriftenausschnitt Stellung und verfasse dazu einen Leserbrief!

Das Thema „Steigung“ kann ab der 10. Jahrgangsstufe im Zusammenhang mit trigonometrischen Funktionen auf höherem Niveau weitergeführt werden:

Steigung und Neigungswinkel

Die Steigung s einer Straße hängt eng mit dem Winkel α zusammen, den die Straße mit der Horizontalen einschließt.
Stelle diesen Zusammenhang graphisch dar!

Auch Verbindungen zur Körpergeometrie sind realisierbar:

Ein Weg um das Parkhaus

Ein Parkhaus besitzt die Gestalt eines Zylinders. Es ist 25 m hoch und hat einen Durchmesser von 30 m.
Ein Zugangsweg soll in Form einer gleichmäßig ansteigenden Wendelstrecke rings um das Parkhaus geführt werden, so dass alle Parkdecks erreichbar sind. Damit er auch für Rollstuhlfahrer geeignet ist, darf er maximal 6 % Steigung besitzen.
Plane einen möglichen Verlauf des Weges!
Wie lang wird er?

Schließlich entfaltet sich die Kernidee „Was ist eigentlich Steigung?" in der 11. Jahrgangsstufe in vollem Maße, wenn im Rahmen der Differentialrechnung Zu- und Abnahmeprozesse quantitativ erfasst werden. Es stellt sich die Frage: Ist jedem Oberstufenschüler der Zusammenhang zwischen dem „f'(x)" aus der Schule und dem Verkehrsschild aus der Führerscheinprüfung bewusst?

Welches Schild wird benötigt?

Das Profil einer Straße wird durch den Graphen der Funktion

$f(x) = \frac{9}{x^2+9}, \quad x \in [-8;8]$ beschrieben.

Skizziere das Straßenprofil.
Welches Verkehrsschild sollte hinsichtlich der Straßensteigung aufgestellt werden?

Kernidee 3: Unbekannte Flächeninhalte kann man auf bekannte zurückführen

Betrachten wir in obiger Liste die vierte Frage „Wie lassen sich Flächeninhalte ermitteln?" und denken wir etwas über diese nach. Die Schüler lernen im Geometrieunterricht allerlei Flächenformen kennen (Dreieck, Trapez, Kreis, Kegeloberfläche, ...). Eng damit verbunden ist das Problem, den Inhalt der jeweils betrachteten Flächen zu bestimmen. Dabei erweist sich die Kernidee „Unbekannte Flächeninhalte kann man auf bekannte zurückführen" als ausgesprochen tragfähig. Sie zieht sich als roter Faden durch die gesamte Sekundarstufe und erzeugt Verbindungen zwischen Flächenbetrachtungen in verschiedenen Jahrgangsstufen mitsamt den oft isoliert wahrgenommenen Flächeninhaltsformeln. Einige Beispiele:

- Bereits bei der Ausformung des Flächeninhaltsbegriffs für Rechtecke in der 5. Jahrgangsstufe tritt die Kernidee zu Tage. Es geht beim Messen von Rechtecksflächen prinzipiell darum, eine Maßeinheit (z. B. cm^2) festzulegen und zu prüfen, wie oft diese Einheit in ein zu untersuchendes Rechteck passt.

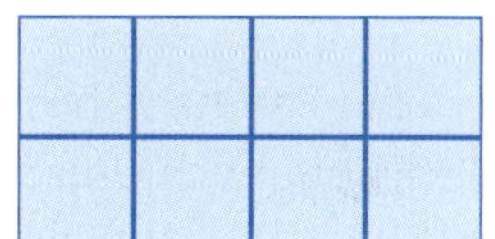

- Ausgehend von Rechtecken lassen sich weitere Vierecksformen erschließen. Beispielsweise können Parallelogramme oder Trapeze in flächengleiche Rechtecke verwandelt und so die jeweilige Inhaltsformel erarbeitet werden.

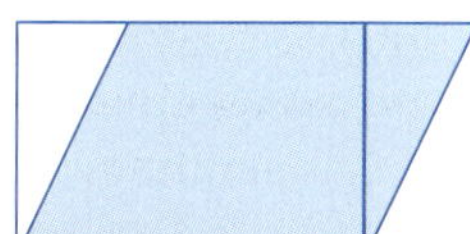

- Den Flächeninhalt eines Dreiecks kann man etwa gewinnen, indem man es zu einem Parallelogramm doppelter Fläche ergänzt.

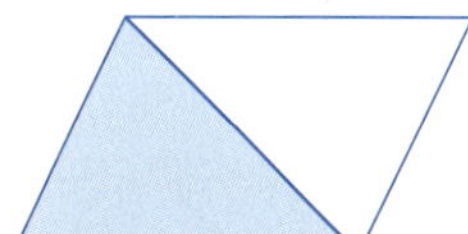

- Obige Kernidee erhält bei der Untersuchung krummlinig begrenzter Flächen eine substanziell neue Qualität. Der Gedanke der Approximation kommt zusätzlich ins Spiel: Unbekannte Flächenformen lassen sich durch bekannte beliebig genau annähern. Auf diese Weise erschließt sich beispielsweise der Flächeninhalt von Kreisen oder Kreissektoren.

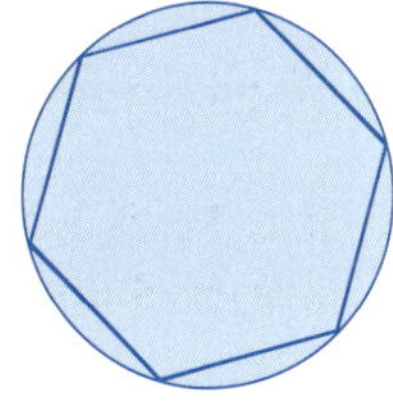

- Auch bei Problemen der Flächenmessung im Raum weist die Kernidee einen Weg: Räumliche Situationen können auf ebene zurückgeführt werden. Um etwa den Inhalt der Mantelfläche eines Zylinders oder eines Kegels zu bestimmen, stellt man sich den Mantel zu einem Rechteck bzw. einem Kreissektor ausgerollt vor.

- Schließlich stellt unsere Kernidee einen entscheidenden Schritt im Aufbau der Integralrechnung dar. Bestimmte Integrale werden durch Ober- und Untersummen von Rechtecksflächeninhalten approximiert und damit quantitativ fassbar gemacht.

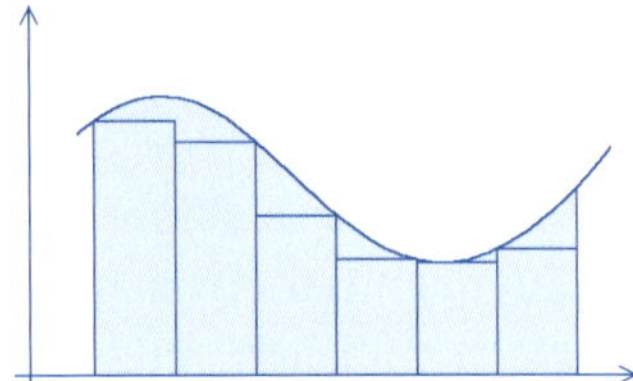

Wir sehen: Die Kernidee „Unbekannte Flächeninhalte kann man auf bekannte zurückführen" hilft, neues Wissen zu erschließen. Sie ist eine geometrische Spezialisierung der universellen mathematischen Strategie „Rückführen auf Bekanntes". Gleichzeitig legt die Kernidee aber auch Zusammenhänge in der Mathematik offen und bildet einen Kristallisationspunkt für ein tragfähiges Verständnis und ein vernetztes Wissen zu Flächeninhalten.

Fazit

Kernideen können Hilfen geben, um den Unterricht so zu konzipieren, dass die starke Segmentierung der Schulmathematik überwunden wird. Sie führen dazu, dass man sich über das Ziel und den Sinn des Unterrichtens einzelner Stoffinhalte Gedanken macht und damit die einzelne Schulstunde in ein größeres Ganzes einordnet. Wenn es der Lehrkraft gelingt, diese Vorstellungen auch den Schülern zu vermitteln, sind entscheidende Weichen dafür gestellt, dass die Schüler Mathematik nicht als unübersichtliches Puzzlewerk, sondern als sinntragendes Ganzes begreifen.

Dadurch erhält auch das regelmäßige Wiederholen zurückliegenden Stoffes, wie wir es in den Kapiteln 5 und 6 diskutiert haben, eine tiefgreifende Bedeutung, da es nicht nur zu einer Vermehrung zusammenhangsloser Puzzleteile, sondern zum allmählichen Entstehen eines aussagekräftigen Bildes beiträgt.

> Suchen Sie anhand der aufgelisteten Fragen selbst nach Kernideen! Hilfreich kann hierbei auch der Dialog mit Kollegen sein.
> Überlegen Sie, wie Sie diese Kernideen Ihren Schülern bewusst machen können, und arbeiten Sie mit den von Ihnen gefundenen Kernideen in Ihrem Unterricht.

Zusammenfassung

Blicken wir zusammenfassend auf dieses und das vorhergehende Kapitel zurück. Die verschiedenen vorgestellten Ansätze für den Mathematikunterricht stehen nicht in gegenseitiger Konkurrenz. Ganz in Gegenteil! Sie setzen jeweils unterschiedliche Schwerpunkte und ergänzen sich gegenseitig. Es handelt sich um mögliche Komponenten eines Unterrichts, der auf den Aufbau eines vernetzten, langfristig und flexibel nutzbaren mathematischen Wissens der Schüler abzielt.

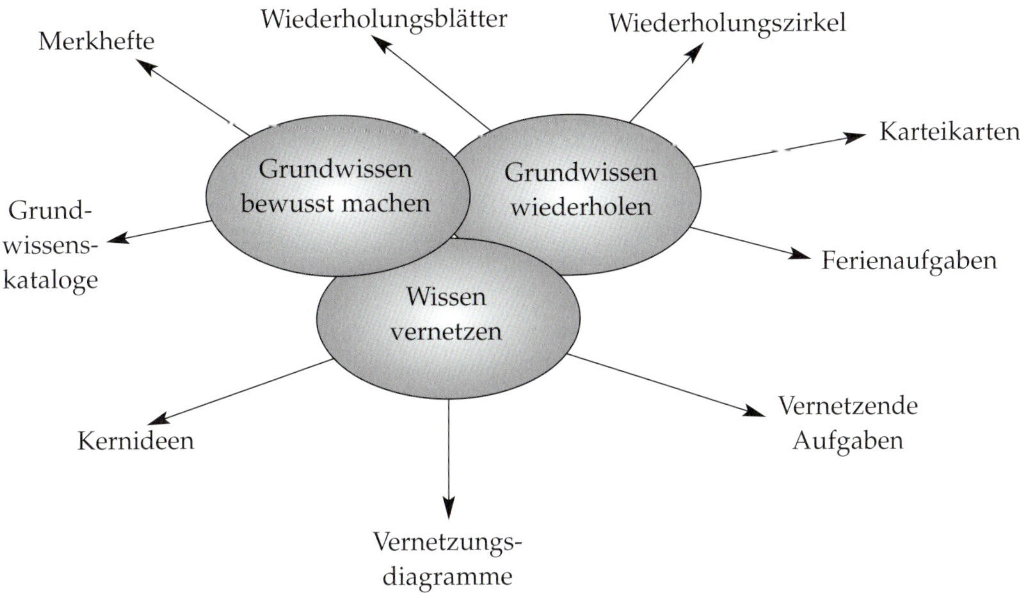

Diskutieren Sie in Ihrem Fachkollegium zusammenfassend über die Thematik „Grundwissen sichern – Wissen vernetzen". Rekapitulieren Sie die in den Kapiteln 5 und 6 vorgestellten Ideen, entwickeln Sie davon ausgehend mit Ihren Kolleginnen und Kollegen gemeinsam eigene Konzepte und probieren Sie diese in Ihrem Unterricht aus.

Nachhaltige Verbesserungen im Wissen und Können der Schüler stellen sich natürlich nicht von heute auf morgen ein. Die Erfahrungen der am BLK-Modellversuch SINUS beteiligten Lehrkräfte zeigen jedoch, dass sich systematische und konsequente Bemühungen zur Weiterentwicklung des Mathematikunterrichts ausgesprochen lohnen, und sie machen Mut, im Fachkollegium für die eigene Schule gesteckte Ziele anzupacken.

7. Konstruieren mit dynamischer Mathematik – Experimentieren und Problemlösen am PC

Dynamische Mathematik kann das Arbeiten und Lernen in der Schule in vielfältiger Weise bereichern. Insbesondere bieten sich den Schülern Möglichkeiten des experimentellen Erforschens und Entdeckens mathematischer Zusammenhänge, sie können mit dem Computer als Werkzeug eigene Lernwege gehen.
In diesem Kapitel sind zwei Aspekte eng miteinander verwoben: Zum einen werden zahlreiche konkrete Beispiele zum Konstruieren mit dynamischer Mathematik für den alltäglichen Mathematikunterricht vorgestellt und diskutiert. Zum anderen können Sie gleichzeitig die GEONExT-Oberfläche und den Umgang mit den Konstruktionswerkzeugen kennen lernen. Der praktische Einsatz im Unterricht ist dabei stets Leitgedanke.

Technische Vorbereitungen
Für das Arbeiten mit diesem Kapitel sollten Sie GEONExT auf Ihrem Rechner installiert haben (Größe ca. 5 MB). Sie finden die nötigen Installationsdateien auf der Begleit-CD im Ordner „GEONExT Installation" für die Betriebssysteme Windows, Linux und Mac OS X. Unter Windows ist es nur erforderlich, die Datei „GEONExT Windowsinstallation.exe" mit einem Doppelklick aufzurufen. Es startet dann der Installationsassistent.
Dynamische Konstruktionen mit GEONExT sind sog. Java-Applets. Auf Ihrem Rechner muss neben GEONExT auch das Java2 Runtime Environment der Firma Sun Microsystems in Version 1.4 (oder höher) installiert sein. Falls Sie die „GEONExT Windowsinstallation" der Begleit-CD durchführen, wird automatisch geprüft, ob diese Voraussetzung erfüllt ist, und – falls erforderlich – die nötige Java-Unterstützung mitinstalliert. Beachten Sie hierzu auch den letzten Abschnitt dieses Buches „Zur beiliegenden CD".
Die jeweils aktuelle Version der Software finden Sie zum kostenlosen Download auf der GEONExT-Homepage http://geonext.de.

7.1 Lehren und Lernen mit dynamischer Mathematik

Was ist dynamische Mathematik?

Traditionelle Arbeitsmedien im Mathematikunterricht sind das Schülerheft, das Lehrbuch und die Tafel, gelegentlich auch der Overhead-Projektor oder Arbeitsblätter. Dynamische Mathematik erweitert dieses Spektrum um den Computer als Werkzeug. Die Schüler können am Bildschirm mathematische Konstruktionen selbst erstellen oder fertige Konstruktionen als Ausgangspunkt für eigenständiges Experimentieren, Forschen und Entdecken nehmen. Doch warum sollte man hierzu den Rechner nutzen? Gibt es einen Mehrwert durch den Computereinsatz?
Dynamische Mathematik mit der Software GEONExT eröffnet neue Wege des Lehrens und Lernens im Mathematikunterricht. Sie erlaubt Visualisierungsmöglichkeiten, die mit traditionellen Unterrichtsmedien nicht realisierbar sind. Im Gegensatz zu Zeichnungen auf Papier oder an der Tafel sind mit GEONExT erstellte Konstruktionen beweglich: Durch einfaches Ziehen mit der Maus lassen sich geometrische Figuren kontinuierlich am Bildschirm variieren, einzelne Objekte können bei derartigen Bewegungen Spuren in der Zeichenfläche (Ortskurven) hinterlassen.
Dynamische Mathematik geht über herkömmliche dynamische Geometrie aber noch hinaus: Ein integriertes Computeralgebrasystem schlägt eine Brücke zwischen Geometrie, Algebra und Analysis. Es gestattet beispielsweise, Konstruktionen quantitativ auszuwerten, indem man Streckenlängen, Winkelgrößen oder Punktkoordinaten automatisch messen lässt und diese Messungen als Grundlage für weitere Berechnungen nutzt. Darüber hinaus ist es möglich, mit Funktionen zu arbeiten und etwa Funktionsgraphen in dynamische Konstruktionen zu integrieren.

Beispiel: Satz des Thales

Betrachten wir ein Beispiel aus der Dreiecksgeometrie, um einen ersten Einblick in die Möglichkeiten dynamischer Mathematik zu erhalten.

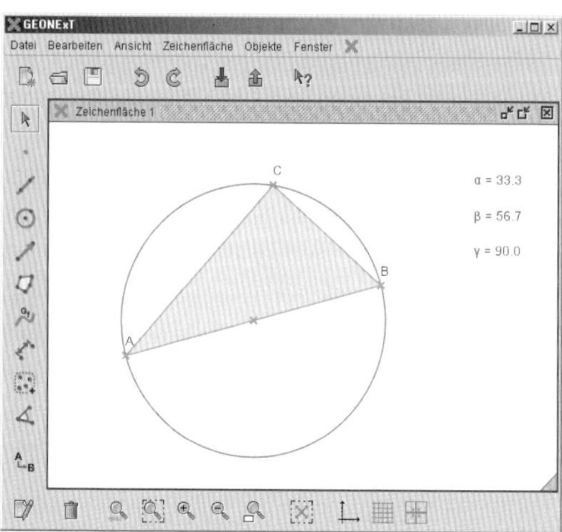

Wir zeichnen einen Kreis und konstruieren ein Dreieck so, dass eine Seite Kreisdurchmesser ist.
Bereits bei genauerem Hinsehen entsteht die Vermutung, dass das Dreieck rechtwinklig sein könnte. Mit den Messwerkzeugen von GEONExT lassen wir die Größe der Innenwinkel anzeigen. Tatsächlich: Ein Winkel beträgt 90°! Ein Zufall? Wir

nutzen die Dynamik der Konstruktion und ziehen mit der Maus an den Eckpunkten des Dreiecks. Dadurch verändert sich kontinuierlich dessen Form, der rechte Winkel bleibt aber erhalten.
Experimentell verfestigt sich die Vermutung: Ein Dreieck, dessen Ecken so auf einem Kreis liegen, dass eine Seite Kreisdurchmesser ist, besitzt einen rechten Winkel. (Diese Aussage wird – ohne fundierten Beleg – mit dem ionischen Philosophen Thales von Milet, ca. 620–540 v. Chr., in Verbindung gebracht.)
Doch *warum* ist dies richtig? Diese Frage kann uns der Computer nicht beantworten. Dynamische Mathematik macht Beweise nicht überflüssig. Im Gegenteil! Sie erlaubt den Schülern einen experimentellen Zugang zu den mathematischen Inhalten. Die anschließende Beschäftigung mit dem „Warum?" fällt dann umso leichter, je besser die Schüler das „Was?" verstanden und durchdrungen haben.

Methodische Gestaltung des Unterrichts mit dynamischer Mathematik

Wie kann Unterricht mit dynamischer Mathematik konkret aussehen? Es wäre voreilig und falsch zugleich, anzunehmen, beim Einsatz dieses Mediums würde das Arbeiten der Schüler weitgehend auf die Bedienung des Computers reduziert, die Kommunikation und die Kooperation im Klassenverband sowie die Förderung sozialer Kompetenzen würden auf der Strecke bleiben.
Der Computer und die eingesetzte Unterrichtssoftware sind letztendlich nur Werkzeuge, um eigenständiges Arbeiten der Schüler mit mathematischen Inhalten, gemeinschaftliches Forschen und Entdecken, Argumentieren und Beweisen sowie kooperatives Präsentieren und Diskutieren erarbeiteter Resultate anzuregen. Derartige Aspekte müssen bei der Konzeption des Unterrichts berücksichtigt werden.

Wege, wie selbstständiges, eigenverantwortliches und kooperatives Arbeiten der Schüler organisiert und strukturiert werden kann, haben wir bereits in Kapitel 2 kennen gelernt. Denken Sie etwa an das dort beschriebene Lern- und Arbeitsprinzip „Ich, du, wir" oder an das Grundmuster japanischen Mathematikunterrichts zurück. Wir können diese Ideen direkt auf das Lernen mit dynamischer Mathematik anwenden.

- Die Schüler erhalten Arbeitsaufträge oder Problemstellungen, die genügend offen formuliert sind, um individuelle Lernprozesse und ein Lernen auf eigenen Wegen zu ermöglichen.
- Die Schüler beschäftigen sich (je nach Rechnerausstattung der Schule) allein oder in Partnerarbeit mit der jeweiligen Thematik, um diese eigenständig zu erschließen und zu durchdringen. Die Kommunikation und die Kooperation mit einem Partner kann den Lernprozess dabei in vielerlei Hinsicht befruchten (siehe Abschnitte 2.3 und 2.4).
- Den Abschluss einer derartigen Unterrichtssequenz können die Präsentation und Diskussion der Schülerergebnisse im Klassenteam sowie eine fundierte Ergebnissicherung – etwa im Rahmen eines Unterrichtsgesprächs – bilden.

Im Folgenden werden zahlreiche Unterrichtsbeispiele vorgestellt, die eine derartige methodische Strukturierung des Mathematikunterrichts geradezu anbieten.

Das Schülerheft als Arbeitsheft

Auch wenn die Schüler mit dynamischer Mathematik arbeiten, verliert das Schülerheft als Lern- und Arbeitsmedium nicht an Bedeutung. Das Aufschreiben von Gedanken führt zu deren Ordnung und Verfestigung sowie zu einer tiefer gehenden Durchdringung der jeweiligen Thematik. Deshalb muss das Experimentieren am Bildschirm mit dem Dokumentieren der Überlegungen und Ergebnisse im Heft eng einhergehen. Die bereits in Abschnitt 2.4 erwähnten Schweizer Didaktiker P. Gallin und U. Ruf sprechen vom Schülerheft als „Werkstatt des geistigen Tuns", als „Reisetagebuch", das die Schüler auf ihren Lernwegen begleitet. In ihrem Heft sollen die Schüler parallel zur Arbeit am Bildschirm
- aussagekräftige Figuren skizzieren,
- Beobachtungen notieren,
- Vermutungen formulieren,
- Begründungen aufschreiben,
- persönliche Eindrücke festhalten.

Durch diese intensive Arbeit im Heft wird auch verhindert, dass sich die gewonnenen Ergebnisse nach Abschalten des Computers zu schnell verflüchtigen. Die individuellen Aufzeichnungen dienen der Ergebnissicherung und bilden eine Grundlage für die gemeinsame Diskussion der Resultate im Klassenteam (vgl. Baptist 2004).

Die Rolle der Lehrkraft

Bereits mehrfach sind wir in diesem Buch auf notwendige Veränderungen der Rolle der Lehrkraft gestoßen. Um Schüler zum Gehen eigener Lernwege zu ermuntern, um individuelle Lernprozesse im Unterricht anzuregen, muss sich die Lehrkraft – zumindest phasenweise – zurücknehmen. Der damit verbundene Wandel von einem rein erklärenden, darbietenden Unterricht hin zu einem Entdeckenlassen der Schüler wird durch den Einsatz dynamischer Mathematik wesentlich gefördert. Die Lehrkraft kann gar nicht jeden Denk- und Arbeitsschritt jedes einzelnen Schülers steuern, dies liegt vordergründig bereits an den äußeren Rahmenbedingungen im Computerraum.

Möchte man als Lehrkraft dynamische Mathematik in den Unterricht integrieren, so ist es eine erste – und nicht zu unterschätzende – Aufgabe, geeignete, tragfähige Probleme für die Schüler auszuwählen und notwendige technische Voraussetzungen zu schaffen. Die Ausführungen in diesem Kapitel möchten Ihnen hierzu Hilfestellungen geben.

Arbeiten die Schüler am Rechner, achtet der Lehrer vor allem auf den äußeren Rahmen und ist fachlicher Berater im Hintergrund, der sich bei Bedarf Einzelnen zuwenden kann, um Hilfe zur Selbsthilfe zu geben. Die anschließende Präsentation und Diskussion der Ergebnisse wird vom Lehrer als Moderator geleitet. Seine Aufgabe ist es auch, die Schülerbeiträge zu einem fundierten Gesamtresultat zu vereinen bzw. zu erweitern, damit das angestrebte Unterrichtsziel auf breiter Basis erreicht wird.

Dynamische Mathematiksoftware kostenlos

Im Weiteren wird die Software für dynamische Mathematik GEONExT verwendet. Sie wurde und wird am Lehrstuhl für Mathematik und ihre Didaktik der Universität Bayreuth entwickelt. Die jeweils aktuelle Version steht kostenlos im Internet auf der GEONExT-Homepage http://geonext.de zum Download bereit. Auf der diesem Buch beigefügten CD ist die Version GEONExT 1.71 vom September 2007 enthalten.
Die freie Software GEONExT kann beliebig an Schüler weitergegeben werden, so dass diese auch zu Hause mit dem in der Schule kennen gelernten Programm weiterarbeiten können. In der Praxis hat sich dazu folgender Weg bewährt: Eine Lehrkraft brennt einen Klassensatz von CDs mit der Installationsdatei für GEONExT. Die CDs werden den Schülern mit nach Hause gegeben, damit diese die Software installieren können. Nach einigen Tagen wird der Satz CDs wieder eingesammelt und entsprechend an eine andere Klasse weitergegeben.

7.2 Elementargeometrisches Konstruieren

Im Geometrieunterricht der Sekundarstufe I spielt das Anfertigen von Konstruktionen eine bedeutende Rolle. Die Schüler lernen, Konstruktionen zu planen, sie mit Zirkel und Lineal bzw. dem Geodreieck auszuführen und ihr Vorgehen zu reflektieren und zu beschreiben. Dynamische Mathematik ergänzt die traditionellen Konstruktionswerkzeuge um den Computer als Hilfsmittel.
Für die Lehrkraft entsteht der geringste technische Vorbereitungsaufwand beim Einsatz dynamischer Mathematik im Unterricht, wenn sie den Schülern zum eigenständigen Arbeiten in der weißen Zeichenfläche Aufgaben und Aufträge schriftlich in Papierform an die Hand gibt bzw. geeignete Problemstellungen aus dem Schulbuch bearbeiten lässt.
Im Folgenden werden hierzu Unterrichtsbeispiele vorgestellt – vorwiegend aus der Geometrie der 7. und 8. Jahrgangsstufe. Die zu Grunde liegenden Aufgabenstellungen können Ihnen gleichzeitig dazu dienen, die Konstruktionswerkzeuge von GEONExT aktiv handelnd kennen zu lernen.
Nach der Installation von GEONExT erscheint im Desktop des Rechners das Symbol sowie ein entsprechender Eintrag im Verzeichnis „Programme". Starten Sie nun damit GEONExT.

Erstes Kennenlernen der Konstruktionswerkzeuge

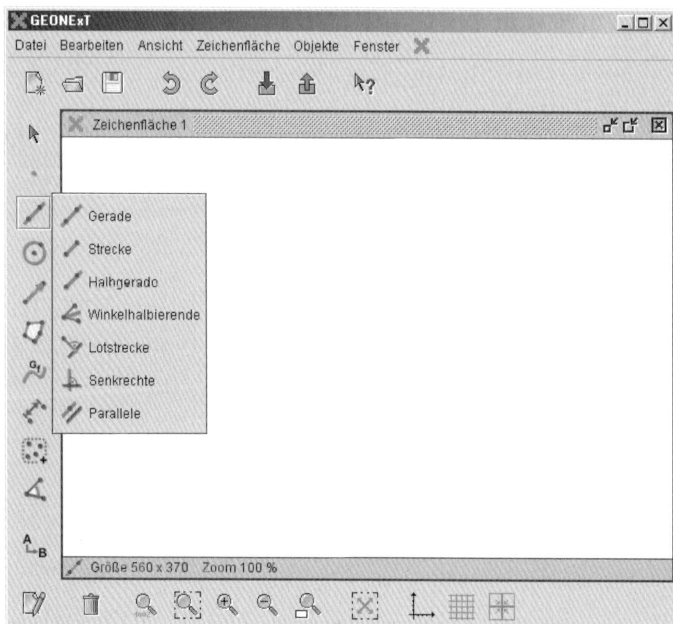

Öffnen Sie eine *„Neue Zeichenfläche"*.
In der linken Symbolleiste steht Ihnen eine umfangreiche Sammlung von Konstruktionswerkzeugen zur Verfügung. Ein Doppelklick auf ein Symbol in dieser Leiste öffnet ein Auswahlmenü für thematisch verwandte Werkzeuge.
Wenn Sie eines dieser Symbole per Mausklick aktivieren, teilen Sie dem Rechner mit, dass Sie dieses Werkzeug als Nächstes benutzen möchten. Das jeweils aktivierte Symbol ist mit einem quadratischen Rahmen gekennzeichnet.

Experimentieren Sie mit den Konstruktionswerkzeugen!

Sehen wir uns einige Konstruktionsaufgaben für Schüler an. Nutzen Sie diese Aufgabenbeispiele, um die GEONExT-Werkzeuge weiter kennen zu lernen. Dabei werden Sie feststellen, dass die zur Planung und Ausführung der Konstruktionen notwendigen mathematischen Überlegungen unabhängig davon sind, ob man auf Papier, an der Tafel oder am Bildschirm konstruiert. Durch die Verwendung von GEONExT ändert sich nicht die zu Grunde liegende Mathematik, sondern nur das Werkzeug, mit dem diese Mathematik erforscht wird. Allerdings sind mit GEONExT erstellte Konstruktionen beweglich. Sie können am Bildschirm variiert werden, dabei tiefere Einsichten in den Aufbau der Konstruktion gestatten und einen Ausgangspunkt für weiterführende Fragen bilden.

Parallelogramm

Zeichne drei beliebige Punkte A, B, C. Konstruiere einen vierten Punkt D, so dass das Viereck ABCD ein Parallelogramm ist.
Verändere das Parallelogramm, indem du an den Ecken ziehst. Welche speziellen Vierecksformen lassen sich einstellen?

Neue Zeichenfläche: Durch einen Klick auf dieses Symbol links oben öffnet sich eine neue Zeichenfläche.

Punkt: Wenn Sie dieses Symbol aktivieren, werden mit Mausklicks Punkte erzeugt.

Bewegen: Aktivieren Sie dieses Symbol, so können Sie anschließend mit der Maus bewegliche Punkte in der Zeichenfläche verschieben.

Gerade: Durch zwei Mausklicks legen Sie zwei Punkte fest, durch die eine Gerade gezeichnet werden soll.

Strecke: Entsprechend können Sie auch Strecken zeichnen.

Lotstrecke: Wenn Sie auf einen Punkt und eine Strecke (bzw. Halbgerade oder Gerade) klicken, wird die zugehörige Lotstrecke erzeugt.

Senkrechte: Analog erhalten Sie senkrechte Geraden.

Parallele: Klicken Sie auf eine Strecke (bzw. Halbgerade oder Gerade) und einen

Punkt, so wird eine Parallele durch diesen Punkt erzeugt.

Kreis: Sie können einen Kreis zeichnen, indem Sie mit zwei Klicks den Mittelpunkt und einen Punkt auf der Kreislinie festlegen.

Polygon: Hiermit können Sie Vielecke zeichnen. Die einzelnen Eckpunkte legen Sie durch Klicks in der Zeichenfläche fest. Um dem Rechner mitzuteilen, dass das Vieleck fertig sein soll, klicken Sie nochmals auf den ersten Eckpunkt.

Rückgängig: Hiermit können Sie den jeweils letzten Konstruktionsschritt rückgängig machen (zurück bis zum Konstruktionsbeginn).

Wiederherstellen: Rückgängig gemachte Konstruktionsschritte lassen sich hiermit wieder herstellen.

Löschen: Wenn Sie dieses Symbol aktivieren, werden Objekte, die Sie anschließend anklicken, gelöscht.

Quadrat aus Seite

Zeichne eine Strecke. Konstruiere ein Quadrat, das diese Strecke als Seite besitzt.

Quadrat aus Eckpunkten

Zeichne zwei Punkte. Konstruiere ein Quadrat, das diese Punkte als diagonal gegenüberliegende Ecken hat.

Möchten Sie Objekte aus Ihrer Konstruktion wieder entfernen, stehen Ihnen hierzu die Werkzeuge *„Rückgängig"* und *„Löschen"* zur Verfügung. Beachten Sie beim Löschen, dass Objekte von anderen Objekten abhängen können. So hängt beispielsweise ein Kreis von seinem Mittelpunkt, eine Strecke von ihren Endpunkten oder eine Senkrechte von einer Geraden ab. Wenn Sie ein Objekt löschen, so werden auch alle davon abhängigen Objekte gelöscht, da diesen sonst die Grundlage fehlen würde.

Konstruktionsaufgaben öffnen

In Kapitel 3 hatten wir gesehen, dass sich offene Aufgabenstellungen dazu eignen, die Schüler zu individuellen Lösungsansätzen, zu eigenen Lernwegen zu ermuntern. Auch Konstruktionsaufgaben mit dynamischer Mathematik lassen sich offen gestalten:

Gleichschenkliges Dreieck

Finde verschiedene Möglichkeiten, ein gleichschenkliges Dreieck zu konstruieren.

Eine derart offene Formulierung provoziert geradezu verschiedene Lösungen. Je nachdem, ob man mit einem Schenkel, der Basis, der Symmetrieachse, einem Basiswinkel oder dem Winkel an der Spitze beginnt, ergeben sich unterschiedliche Konstruktionswege, die im Klassenverband einander gegenübergestellt und verglichen werden können. Dabei kommt es nicht in erster Linie auf das konkrete Konstruktionsergebnis an. Entscheidend ist hier, dass die Schüler verschiedene Lösungsstrategien entwickeln, diese reflektieren und diskutieren sowie dabei mit grundlegenden geometrischen Begriffen und Inhalten eigenständig arbeiten.

Noch zwei weitere Beispiele für offene Konstruktionsaufgaben:

Vom Dreieck zum Viereck

Zeichne ein Dreieck. Konstruiere ein Viereck, das den gleichen Flächeninhalt wie das Dreieck besitzt.

Die Zielfigur kann etwa ein Rechteck, ein (nicht rechteckiges) Parallelogramm oder auch ein Drachenviereck sein. Zu jeder dieser Formen gibt es vielfältige Wege der Konstruktion. Gerade durch die Zusammenschau und den Vergleich unterschiedlicher Lösungen und Lösungswege können Strategien mathematischen Arbeitens aufgezeigt und Verknüpfungen im Wissen der Schüler aus den Bereichen Dreiecke und Vierecke hergestellt werden.

Drehsymmetrische Figuren

Konstruiere drehsymmetrische Figuren zu verschiedenen Drehwinkeln.

Diese offene Aufgabenstellung lässt der Phantasie und der Kreativität der Schüler freien Raum. Gleichzeitig führt sie aber auch auf fundamentale mathematische Fragen wie „Was ist Drehsymmetrie?", „Wie kann man drehsymmetrische Figuren erzeugen?" oder „Welche Winkelgrößen können für Drehwinkel in Frage kommen?".

Neues an dynamischen Konstruktionen entdecken

Die bisherigen Aufgaben hatten Problemlösecharakter, die Schüler sollten jeweils vorgegebene Konstruktionsprobleme lösen. Dynamische Konstruktionen eignen sich aber auch dazu, neue, zunächst unbekannte mathematische Zusammenhänge zu erforschen und zu entdecken. Betrachten wir exemplarisch einen zentralen Satz der Dreiecksgeometrie: *In jedem Dreieck schneiden sich die Mittelsenkrechten in einem Punkt, dem Mittelpunkt des Umkreises.* Mit den folgenden Arbeitsaufträgen können die Schüler dieses Ergebnis mit GEONExT experimentell entdecken. Sie zeichnen ein Dreieck, konstruieren die Mittelpunkte der Dreiecksseiten und errichten in diesen Punkten Senkrechte zu den Seiten. Ziehen sie mit der Maus an den Eckpunkten des Dreiecks, verändert sich die gesamte Konfiguration kontinuierlich mit. Experimentell entsteht die Erkenntnis: Die Mittelsenkrechten schneiden sich stets in einem Punkt – unabhängig von der speziellen Form des Dreiecks. Erzeugt man den Schnittpunkt der Mittelsenkrechten und zeichnet man einen Kreis, der diesen Schnittpunkt als Mittelpunkt hat und durch eine Ecke des Dreiecks verläuft, stellt man fest, dass auf der Kreislinie stets auch die beiden anderen Ecken liegen. (Bei einer Konstruktion im Heft oder an der Tafel ist dies wegen der unvermeidlichen Zeichenungenauigkeit oft nur näherungsweise der Fall.)

Die GEONExT-Konstruktion regt aufgrund ihrer dynamischen Veränderbarkeit aber auch zum Weiterdenken an: Wie bewegt sich der Schnittpunkt der Mittelsenkrechten, wenn man an einer Dreiecksecke zieht und so das Dreieck verändert? Wann liegt dieser Schnittpunkt im Inneren des Dreiecks, im Äußeren bzw. auf einer Dreiecksseite? Derartigen Fragen kann mit statischen Zeichnungen auf Papier oder an der Tafel nur schwerlich nachgegangen werden. Dynamische Konstruktionen drängen diese Fragen dagegen geradezu auf und dienen damit als Grundlage zum Weiterforschen und Entdecken.

Mittelpunkt: Mit einem Klick auf eine Strecke erhalten Sie deren Mittelpunkt.

Schnitt: Wenn Sie nacheinander auf zwei sich schneidende Objekte (Strecke, Halbgerade, Gerade, Kreis) klicken, werden deren Schnittpunkte erzeugt. (Alternativ können Sie an Stellen, an denen sich *genau zwei* Objekte schneiden, auch mit „Punkt" einen Punkt setzen.)

Mittelsenkrechte

a) Zeichne ein Dreieck.

b) Erzeuge die Mittelpunkte der drei Dreiecksseiten.

c) Eine Gerade, die durch einen solchen Mittelpunkt verläuft und auf der zugehörigen Dreiecksseite senkrecht steht, heißt *Mittelsenkrechte*. Zeichne die drei Mittelsenkrechten deines Dreiecks ein.

d) Verändere die Form des Dreiecks, indem du an den Ecken ziehst, und beobachte die Auswirkungen in deiner Konstruktion.

e) Fertige einen Hefteintrag mit der Überschrift „Die Mittelsenkrechten eines Dreiecks" an, erkläre darin den Begriff der Mittelsenkrechten und beschreibe alle deine Beobachtungen.

f) Versuche, eine Erklärung dafür zu finden, warum sich die Mittelsenkrechten stets in einem Punkt schneiden. Notiere deine Überlegungen in dein Heft.

g) Erzeuge den Schnittpunkt zweier Mittelsenkrechten. Zeichne einen Kreis, der diesen Schnittpunkt als Mittelpunkt hat und durch eine Ecke des Dreiecks verläuft. Warum geht der Kreis auch durch die anderen beiden Ecken? Schreibe deine Überlegungen in dein Heft.

h) Für welche Dreiecksformen liegt der Schnittpunkt der Mittelsenkrechten innerhalb des Dreiecks, auf einer Dreiecksseite bzw. außerhalb des Dreiecks?

Natürlich bieten sich entsprechende Arbeitsaufträge auch für andere Transversalen (Höhen, Seitenhalbierende, Winkelhalbierende) an. Führen Sie die zugehörigen Konstruktionen durch.

Hinweis

Wenn Sie den Mauszeiger auf ein Objekt bewegen, färbt sich dieses türkis um, sein Name wird in der Zeile unterhalb der Zeichenfläche angezeigt. So erkennen Sie, dass Sie dieses Objekt per Mausklick anwählen können.
Falls Sie mehrere Objekte gleichzeitig anwählen (z. B. weil diese aufeinander oder sehr nahe beieinander liegen), fragt der Rechner mit einem kleinen Menüfenster nach, welches der Objekte Sie möchten.

Gerade **a**
Strecke **b**
Halbgerade **c**

Eigenschaften konstruierter Objekte ändern

Objekteigenschaften: Durch einen Klick auf dieses Symbol erhalten Sie eine umfassende Übersicht über alle Objekte der Konstruktion und deren Eigenschaften. Alle Objekteigenschaften (Name, Farben, Linienart, ...) lassen sich mit dieser Übersicht ändern.

In Ihren bisherigen Konstruktionen sind alle Linien blau und durchgezogen, freie Punkte besitzen ein rotes Kreuzchen, Vielecke sind grün gefüllt. Derartige Eigenschaften lassen sich natürlich ändern – auch um eine Konstruktion übersichtlicher und ansprechender zu gestalten.
Hierzu gibt es die Übersicht *„Objekteigenschaften"*. Durch einen Klick auf das zugehörige Symbol in der linken unteren Ecke der GEONExT-Oberfläche öffnet sich ein Fenster, das einen Überblick über alle Objekte bietet.

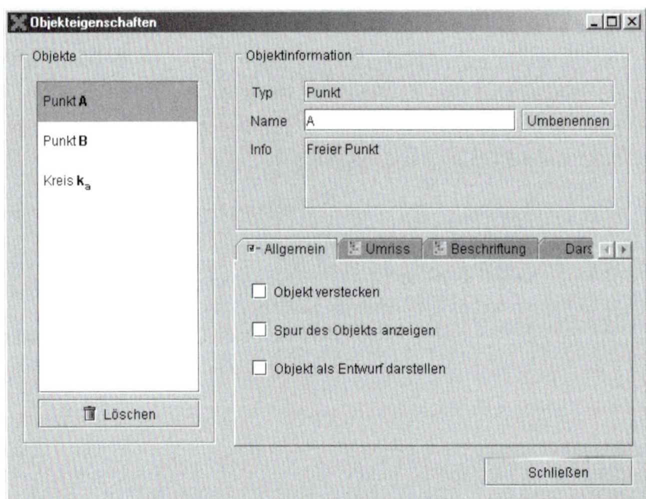

Im linken weißen Feld sehen Sie, welche Objekte in Ihrer Konstruktion vorhanden sind. Hier können Sie einzelne Objekte auswählen und mit den Karteikarten deren Eigenschaften ändern.

Karte „Allgemein"
Durch Markieren des Kontrollkästchens *„Objekt verstecken"* wird ein Objekt versteckt. Es ist zwar weiterhin im Aufbau der Konstruktion vorhanden, allerdings nicht in der Zeichenfläche sichtbar. Dies kann etwa sinnvoll sein, wenn Hilfslinien in einer Konstruktion unsichtbar gemacht werden sollen.
Mit dem Eintrag *„Spur des Objekts anzeigen"* kann ein Objekt in den Spurmodus versetzt werden. Es hinterlässt dann bei Bewegungen in der Zeichenfläche eine Spur. Diese Einstellung ist beispielsweise zum Zeichnen von Ortskurven sinnvoll (vgl. Abschnitt 7.5).

Karte „Umriss"
Hiermit wird die Farbe von Linien oder der Kreuzchen von Punkten festgelegt. Es stehen einerseits 15 Farben per Mausklick zur Auswahl, es lassen sich aber auch beliebige Rot-Grün-Blau-Werte als Zahlen eingeben. Mit dem Schieberegler *„Transparenz"* können Sie festlegen, wie durchscheinend eine Farbe sein soll.

Karte „Beschriftung"
Wie auf der Karte *„Umriss"* lässt sich die Farbe der Beschriftung eines Objekts festlegen. Den Namen selbst können Sie im weißen Textfeld weiter oben ändern und die Änderungen durch einen Klick auf das Feld *„Umbenennen"* wirksam werden lassen.

Karte „Füllung"
Diese Karte gibt es bei Kreisen und Vielecken. Mit ihr lassen sich analog zur Karte *„Umriss"* Füllfarben einstellen.

Karte „Linien"
Diese Karte existiert bei allen Objekten, die mit Linien zu tun haben (Kreise, Vielecke, Strecken, Geraden, ...). Sie können hiermit Linienarten (gepunktet, gestrichelt, ...) sowie Linienstärken beeinflussen. Sie finden diese Karte evtl. erst, indem Sie auf die kleinen Pfeile in der rechten oberen Ecke der Karteikartensammlung klicken.

Die Schüler können einen spielerischen Zugang zu dieser Übersicht *„Objekteigenschaften"* gewinnen, indem sie GEONExT als Zeichenprogramm nutzen. Beispielsweise sind bei folgender Aufgabe gezielt Farben einzustellen:

Konstruktion einer Flagge

Zeichne mit GEONExT die Flagge eines Landes.

Beim Zeichnen der Flagge erweist sich das Einblenden eines Gitternetzes und das „Einrasten" von Punkten als sehr hilfreich. Das Gitter erinnert an das karierte Papier der Schülerhefte.

Gitter: Hiermit lässt sich ein Gitternetz ein- bzw. ausblenden.

Einrasten: Ist dieses Symbol aktiviert, so rasten Punkte beim Erzeugen oder Bewegen auf Gitterpunkten (oder genau dazwischen) oder auch auf bereits vorhandenen anderen Punkten ein.

Speichern: Wenn Sie auf dieses Symbol klicken oder im Menüpunkt *„Datei"* die Einträge *„Speichern"* bzw. *„Speichern unter"* aufrufen, können Sie Ihre Konstruktion speichern.

Öffnen: Mit diesem Symbol bzw. dem Menüeintrag *„Datei/Öffnen"* können Sie GEONExT-Dateien öffnen.

Direkthilfe: GEONExT besitzt eine integrierte Hilfe für Benutzer. Wenn Sie auf das abgebildete Symbol und danach auf ein beliebiges anderes Symbol klicken, gelangen Sie im internen Hilfehandbuch auf die Seite, auf der das von Ihnen gewählte Werkzeug beschrieben ist.

Speichern und Laden

Damit GEONExT-Konstruktionen beim Beenden des Programms nicht verloren gehen, können Sie diese natürlich auch speichern.

Es öffnen sich zum Speichern zwei Dialogfelder. Im ersten legen Sie den Speicherort und den Namen der Datei fest. Haben Sie mehrere Konstruktionsflächen gleichzeitig geöffnet, können Sie im zweiten Fenster wählen, welche Konstruktionen Sie abspeichern möchten.

Beim Speichern wird eine Datei mit der Endung „.gxt" angelegt. In ihr ist die Konstruktion in einer Zeichenkette codiert enthalten, beim Laden der Datei wird die Konstruktion aus der Zeichenkette wieder erzeugt. Derartige Gxt-Dateien benötigen relativ wenig Speicherplatz (ca. 1–4 kB).

7.3 Konstruktionen mit Messungen und Berechnungen auswerten

Abstand messen: Wenn Sie dieses Symbol aktivieren und danach auf eine Strecke oder zwei Punkte klicken, wird die Länge der Strecke bzw. der Abstand der beiden Punkte angezeigt.

Winkel messen: Klicken Sie auf drei Punkte, z. B. A, B und C, so wird die Größe des Winkels ∢ ABC angezeigt. (Reihenfolge beachten, siehe nächste Seite.)

Geometrische Konstruktionen dienen oftmals als Ausgangspunkt für quantitative Überlegungen. So sind etwa Längen oder Winkelgrößen zu messen bzw. Streckenverhältnisse oder Flächeninhalte zu berechnen. GEONExT besitzt hierzu ein integriertes Computeralgebrasystem, das es erlaubt, Konstruktionen durch Messungen und Berechnungen auszuwerten. Wir werden diese Möglichkeiten im Weiteren noch ausgiebig nutzen – zunächst ein einführendes Beispiel:

Fußballfeld

Ein Fußballfeld ist 90 m lang und 60 m breit.
Wie weit sind zwei diagonal gegenüberliegende Eckfahnen voneinander entfernt?
Fertige hierzu eine GEONExT-Zeichnung an und löse damit das Problem.

Es ist natürlich nur dann sinnvoll, dieses Problem mit GEONExT anzupacken, wenn die Schüler den Satz des Pythagoras noch nicht kennen. Es geht dann darum, ein Rechteck zu zeichnen (evtl. mit Hilfe des Gitternetzes und der Möglichkeit des Einrastens auf Gitterpunkten), benötigte Längen anzeigen zu lassen und das Rechteck durch Ziehen mit der Maus der Situation der Aufgabenstellung anzupassen, so dass man das Ergebnis direkt aus der Konstruktion ablesen kann.

Neues an dynamischen Konstruktionen entdecken

Mit Hilfe der Messwerkzeuge können Schüler an Konstruktionen auch neue Zusammenhänge experimentell erforschen und entdecken. Betrachten wir hierzu ein Beispiel, das einen Zugang zur Innenwinkelsumme im Dreieck bietet.

Innenwinkel im Dreieck

a) Zeichne ein Dreieck und lass die Größe der Innenwinkel anzeigen.

b) Verändere durch Ziehen an den Ecken die Form des Dreiecks und achte dabei auf die Winkelgrößen. Notiere alle deine Beobachtungen in dein Heft.

Der Arbeitsauftrag an die Schüler ist zunächst recht offen formuliert und lädt zum Experimentieren, Beobachten und Festhalten der Ergebnisse ein. Je nach Situation in der Klasse kann es sich nach einer Phase des freien Experimentierens als sinnvoll erweisen, dass der Lehrer die Aufmerksamkeit der Schüler gezielter auf die Summe der Innenwinkel lenkt.

Beim Festlegen der Winkel, deren Größe am Bildschirm angezeigt werden soll, müssen die Schüler auf Sorgfalt achten. Um dem Rechner eindeutig mitzuteilen, welcher Winkel gemeint ist, sind die definierenden Punkte genau in der Reihenfolge anzuklicken, in der man sie in der Schreibweise $\sphericalangle$ ABC notiert. (Es ist also zunächst ein Punkt auf dem ersten Schenkel, dann der Scheitel und schließlich ein Punkt auf dem zweiten Schenkel anzuklicken.)

Das nächste Aufgabenbeispiel greift eine Idee aus dem einleitenden Abschnitt 7.1 auf. Die Schüler können damit den Satz des Thales experimentell entdecken.

Satz des Thales

a) Zeichne einen Kreis. Konstruiere ein Dreieck so, dass alle drei Ecken auf der Kreislinie liegen und eine Dreiecksseite Kreisdurchmesser ist. Lege die Konstruktion so an, dass die eine Seite Kreisdurchmesser bleibt, wenn du an beweglichen Punkten ziehst.

b) Verändere das Dreieck, indem du die Eckpunkte bewegst. Was stellst du fest?

c) Lass die Größe der Innenwinkel des Dreiecks anzeigen und untersuche deine Konstruktion. Notiere alle deine Beobachtungen in dein Heft.

Die dynamische Konstruktion gibt Anlass zur Vermutung, dass das konstruierte Dreieck stets rechtwinklig sein könnte, die Messwerkzeuge untermauern dies. Natürlich muss sich an solch eine experimentelle Phase des Erforschens und Entdeckens auch eine Phase des Begründens und sorgfältigen Beweisens anschließen – z. B. mit Unterstützung durch eine dynamische Lernumgebung (vgl. Kapitel 8). Wenn die Schüler den mathematischen *Inhalt* auf eigenen Wegen intensiv erkundet und durchdrungen haben, fällt ihnen der Blick auf das „Warum?" leichter als ohne die individuell gewonnene Einsicht in das „Was?".
Die dynamische Konstruktion regt zum Weiterfragen und Weiterdenken an: Was passiert eigentlich, wenn man auf die Bedingung, dass eine Dreiecksseite Kreisdurchmesser ist, verzichtet? Kann man auch ein allgemeines Resultat finden, wenn diese Seite nur eine beliebige Kreissehne ist? Mit wenigen Mausklicks lässt sich eine derartige Konfiguration erzeugen. Mit Hilfe der Messwerkzeuge von GEONExT und durch das dynamische Variieren der Zeichnung können die Schüler so den Umfangswinkelsatz als Verallgemeinerung des Satzes des Thales experimentell entdecken, auch wenn der zugehörige Beweis an dieser Stelle noch zu anspruchsvoll ist.

Bislang haben wir in Konstruktionen lediglich Längen und Winkel gemessen. Das Computeralgebrasystem von GEONExT ermöglicht es aber auch, mit Messwerten Berechnungen durchzuführen. Betrachten wir hierzu zunächst ein Unterrichtsbeispiel, das sich in das Thema „Achsensymmetrie und Achsenspiegelung" einordnet. (Die zu Grunde liegende Aufgabe ist in ähnlicher „Verpackung" in vielen Schulbüchern zu finden.)
Die Schüler erhalten am Rechner folgende vom Lehrer vorbereitete GEONExT-Konstruktion sowie zugehörige Arbeitsaufträge (z. B. auf Papier oder an der Overheadtafel).

Indianer

Öffne die Datei „Indianer“. Die Konstruktion zeigt folgende Situation:
Der Indianer „Weißer Adler“ befindet sich beim Punkt I. Er möchte zu seinem Zelt beim Punkt Z zurücklaufen, dabei aber einen Umweg über den Fluss machen, um seinen Wasserbeutel aufzufüllen. Er kann dazu viele mögliche Wege gehen.
Untersuche diese Situation und notiere deine Beobachtungen und Überlegungen in dein Heft.

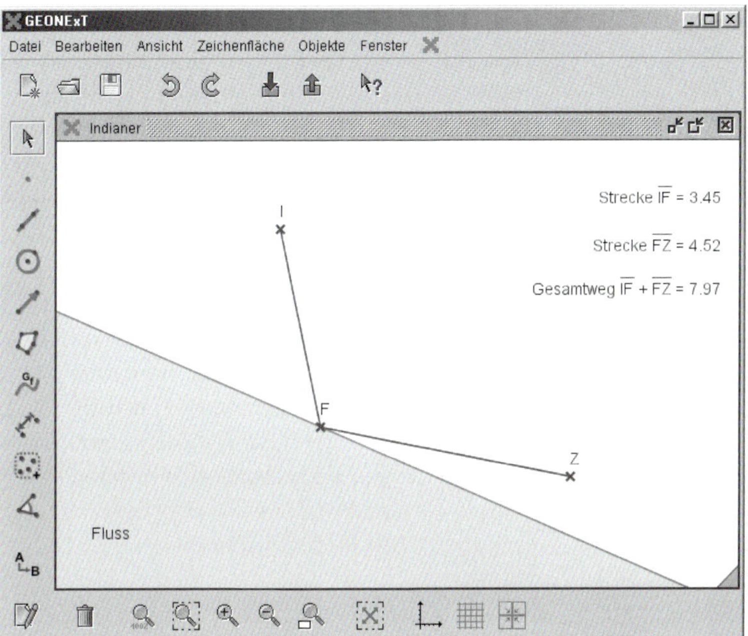

In der Konstruktion ist der Punkt F auf der Geraden, die das Flussufer symbolisiert, beweglich – F ist ein Gleiter auf der Geraden. Die jeweilige Länge des Streckenzugs von I über F nach Z wird berechnet und in einem dynamischen Text angezeigt, der Wert verändert sich bei Variation von F kontinuierlich mit.
Auf diese Weise gewinnen die Schüler die Vermutung, dass es eine Position für F gibt, bei der der Gesamtweg minimal ist. Wie kann man diese aber genau finden? Der angezeigte Wert für die Länge des Weges ist auf zwei Dezimalen gerundet und lässt eine Bestimmung der optimalen Stelle nur näherungsweise zu.

Gleiter: Mit einem Klick auf ein Linienobjekt erzeugen Sie einen Gleiter, d. h. einen Punkt, der nur auf dieser Linie beweglich ist. (Alternativ können Sie auch mit *„Punkt“* einen Punkt auf das Objekt setzen.)

Punkt (Achsenspiegelung): Klicken Sie auf eine Gerade und einen Punkt, so erhalten Sie den Spiegelpunkt bei der Achsenspiegelung an der gewählten Geraden.

Text: Mit diesem Werkzeug können Sie Ihre Konstruktion mit Texten versehen.

Den Schülern stehen neben der Zeichnung auch die Konstruktionswerkzeuge von GEONExT zur Verfügung. Mit ihnen können sie die Konstruktion bearbeiten und erweitern. Der entscheidende Gedanke zur Durchdringung des Problems besteht darin, den Punkt I oder Z am Flussufer zu spiegeln und den Spiegelpunkt in die Betrachtung des Weges einzubeziehen. Hierzu können die Schüler etwa wie beim Spiegeln mit Zirkel und Lineal vorgehen oder auch das vordefinierte Werkzeug zur Achsenspiegelung nutzen.
Dieses Beispiel sollte Ihnen einen ersten Eindruck von Texten mit integrierten Berechnungen vermitteln. Doch wie wird dies technisch realisiert? Mit den folgenden drei Übungen können Sie das Erstellen von Texten mit GEONExT kennen lernen. Für Schüler dürfte insbesondere das Einbinden von Berechnungen in Texte zu komplex sein. Deshalb wendet sich das Folgende vor allem an Sie als Lehrkraft. Wie im letzten Beispiel können Sie mit Texten Konstruktionen bereichern und damit Arbeitsmaterialien herstellen, an Hand derer Ihre Schüler selbstständig Entdeckungen machen.

Übung 1: Text schreiben

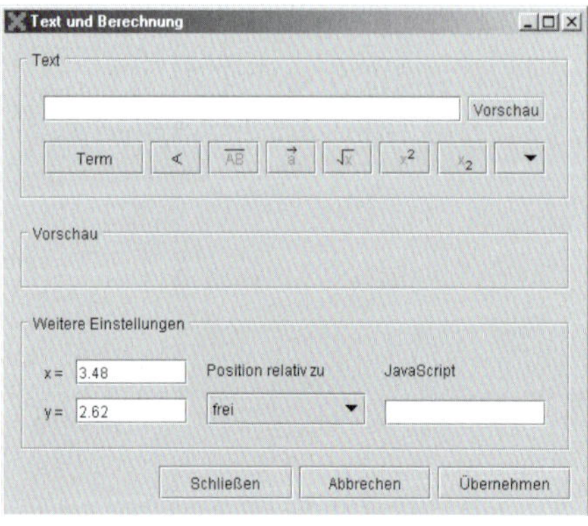

Klicken Sie auf das Symbol *„Text"*, es öffnet sich das abgebildete Fenster.
In die obere weiße Zeile können Sie einen beliebigen Text eingeben. Mit einem Klick auf den Button *„Schließen"* oder *„Übernehmen"* erscheint Ihr Text in der Zeichenfläche.

Nach Aktivieren des Symbols *„Bewegen"* lässt sich der Text in der Zeichenfläche an jede Stelle verschieben.

Übung 2: Länge messen

Öffnen Sie eine neue Zeichenfläche und zeichnen Sie eine Strecke. Es entstehen drei Objekte: die Punkte A, B und die Strecke a (siehe Übersicht *„Objekteigenschaften"*).
Ziel soll sein, einen Text „Die Strecke ist 2.37 cm lang." zu erzeugen, wobei als Zahlenwert die jeweils aktuelle Streckenlänge angegeben wird. Wenn man mit der Maus die Punkte A oder B bewegt, soll sich der Text dynamisch mitverändern.
GEONExT besitzt für Messungen und Berechnungen vordefinierte Funktionen. Beim vorliegenden Problem sind die Funktionen Dist() bzw. L() nützlich:

- Dist(A,B) liefert den Abstand zweier Punkte A und B in der Zeichenfläche,
- L(a) ergibt die Länge einer Strecke mit dem Namen a.

Öffnen Sie das Fenster „*Text*" und geben Sie folgenden Text ein:
„Die Strecke ist Dist(A,B) cm lang."

Klicken Sie auf „*Schließen*" und sehen Sie sich das Resultat in der Zeichenfläche an. Entspricht es Ihren Erwartungen?

Auftragsgemäß gibt der Rechner den Text Zeichen für Zeichen wieder. Wir müssen dem Rechner noch mitteilen, dass er den Ausdruck Dist(A,B) nicht zeichenweise ausgeben, sondern rechnerisch auswerten soll.
Dazu sind die Berechnungen mit dem Befehl <value> zu beginnen und mit </value> zu schließen. Die korrekte Eingabe muss also lauten:
„Die Strecke ist <value>Dist(A,B)</value> cm lang."

Die beiden Befehle <value> und </value> müssen Sie nicht selbst eintippen, Sie können sie schnell erzeugen, indem Sie auf den Button „*Term*" klicken.
(Alternativ könnten Sie – wie oben erläutert – die gewünschte Textausgabe auch mit „Die Strecke ist <value>L(a)</value> cm lang." gewinnen.)

Hinweis: Texte ändern
Texte sind Objekte, die Sie (wie alle Objekte) in der Übersicht „*Objekteigenschaften*" finden. Dort können Sie beispielsweise die Schriftfarbe ändern oder dem Text einen farbigen Rahmen geben. Sehr nützlich ist in der Karte „*Darstellung*" der Button „*Text ändern*". Mit ihm gelangen Sie zu dem Fenster, mit dem der Text ursprünglich geschrieben wurde. Hier können Sie den Text nachträglich ändern.

Übung 3: Berechnungen am Rechteck

Konstruieren Sie ein Rechteck. Legen Sie die Konstruktion dabei so an, dass die Rechtecksform erhalten bleibt, wenn Sie an beweglichen Punkten ziehen. (Verwenden Sie also Werkzeuge wie „*Senkrechte*" oder „*Parallele*".)

Erzeugen Sie zu Ihrem Rechteck vier Texte, die seine Maße angeben, etwa:
Länge = 2.14 cm
Breite = 3.38 cm
Flächeninhalt = 7.23 cm²
Umfang = 11.04 cm

Für die Ausgabe des Flächeninhalts und des Umfangs müssen Sie im Text Berechnungen durchführen lassen. Die dazu notwendigen Terme schreiben Sie wie in Übung 2 zwischen die Befehle <value> und </value>. Als Rechenoperationen stehen Ihnen u. a. die Grundrechenarten +, -, *, / sowie das Potenzieren ^ zur Verfügung.

Hat Ihr Rechteck die Ecken A, B, C, D, so haben die Terme zur Berechnung des Flächeninhalts und des Umfangs somit etwa die Gestalt

<value> Dist(A,B) * Dist(B,C) </value> bzw.
<value> 2*(Dist(A,B) + Dist(B,C)) </value>.

Dies ist nur ein erster kurzer Einblick in die Möglichkeiten von Berechnungen mit GEONExT. Mehr dazu lernen Sie im nächsten Abschnitt beim Arbeiten mit Funktionen kennen.

Hinweis: Wurzeln, Vektoren, Exponenten, Indizes, griechische Buchstaben
Im Texteingabefeld finden Sie unter der Eingabezeile eine Reihe von Buttons:

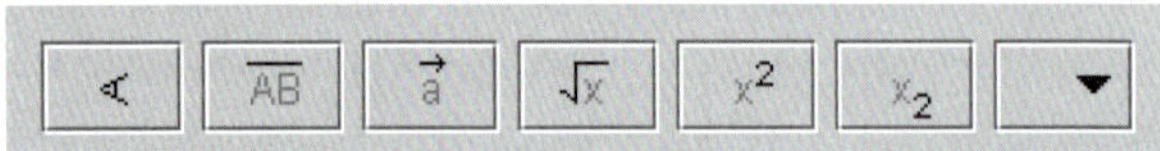

Diese dienen nicht für Berechnungen, sondern nur zur Gestaltung der Textausgabe. Klicken sie etwa auf „$\sqrt{x}$“, so wird in der Eingabezeile der Text <sqrt></sqrt> erzeugt. Alles, was Sie zwischen diese beiden Befehle schreiben, erscheint unter einem Wurzelzeichen.
Analog können Sie etwa Text in Exponenten stellen, indem Sie ihn zwischen die Zeichen ^{ und } schreiben. Diese Zeichen werden mit dem zugehörigen Button „x^2“ automatisch erzeugt. Um etwa den Text „$f(x) = ax^2$“ zu erhalten, ist die Eingabe „f(x) = ax^{2}“ erforderlich.
Die weiteren Buttons funktionieren entsprechend.

> Experimentieren Sie mit Berechnungen in Texten.
>
> Konstruieren Sie beispielsweise ein Dreieck und lassen Sie seinen Umfang und seinen Flächeninhalt als dynamischen Text anzeigen.

7.4 Mit Funktionen arbeiten

Dynamische Mathematik geht über dynamische Geometrie weit hinaus. Das integrierte Computeralgebrasystem gestattet es, mit Funktionen zu arbeiten. Funktionsgraphen können ein natürlicher Bestandteil einer geometrischen Konstruktion sein, von anderen Objekten abhängen oder etwa mit Gleitern versehen sein. Damit ist das Einsatzfeld von GEONExT nicht auf die Geometrie beschränkt, sondern erstreckt sich auch auf die Analysis bis hin zur gymnasialen Oberstufe.

Beispiel: Parameter in Funktionstermen

Betrachten wir zunächst ein Unterrichtsbeispiel, bei dem die Schüler eigenständig die Bedeutung der Parameter in den quadratischen Funktionen $y = ax^2$, $y = (x + b)^2$ und $y = x^2 + c$ erforschen und entdecken können. Die Schüler erhalten in drei Gruppen Arbeitsaufträge:

Erforschung von Parametern: Gruppe A

a) Zeichne mit GEONExT die Graphen der Funktionen $y = x^2$, $y = 2x^2$, $y = 5x^2$, $y = -2x^2$ und $y = -7x^2$.

b) Untersuche weitere Graphen von Funktionen der Form $y = ax^2$ mit einer Zahl $a \in \mathbb{R}$. Welche allgemeinen Aussagen findest du über diese Funktionsgraphen?

Die Gruppen B und C befassen sich mit entsprechenden Aufträgen zu Funktionen der Form $y = (x + b)^2$ bzw. $y = x^2 + c$.

Die Schüler nutzen GEONExT zunächst lediglich als Funktionsplotter, als Werkzeug zum Zeichnen von Graphen gegebener Funktionen. Dadurch gewinnen sie relativ schnell einen Überblick über die Graphen aus Teil a) und können anschließend eigene Forschungen anstellen.
Nach einer Erarbeitungsphase in Partner- oder Gruppenarbeit bietet sich ein gemeinsames Zusammentragen, Vergleichen und Diskutieren der Ergebnisse im Klassenplenum an. Im übernächsten Abschnitt können Sie kennen lernen, wie der dabei notwendige Abstraktionsschritt von konkreten Funktionsgraphen hin zu allgemeinen Vorstellungen über Funktionenscharen mit dynamischer Mathematik wirkungsvoll unterstützt werden kann. Bevor wir uns aber damit befassen, wenden wir uns zunächst technischen Fragen der Erzeugung von Funktionsgraphen zu.

Funktionsgraphen mit GEONExT

Koordinatensystem: Mit einem Mausklick können Sie ein Koordinatensystem einblenden bzw. ausblenden.

Sichtbaren Bereich verschieben: Wenn Sie dieses Symbol aktivieren und danach die Maus mit gedrückter Maustaste über die Zeichenfläche bewegen, verschieben Sie den sichtbaren Bereich der Zeichenfläche.

Funktionsgraph: Mit diesem Werkzeug können Sie Funktionsgraphen erzeugen.

Öffnen sie eine neue Zeichenfläche und blenden Sie das Koordinatensystem ein. Mit dem Werkzeug *„Sichtbaren Bereich verschieben"* können Sie das Koordinatensystem auf dem Bildschirm verschieben.
Wenn Sie auf das Symbol *„Funktionsgraph"* klicken, öffnet sich ein Fenster zur Eingabe des Funktionsterms.

Die unabhängige Variable wird (wie üblich) mit einem kleinen „x" bezeichnet. Die Grundrechenarten +, –, *, / und das Potenzieren ^ kennen Sie bereits aus Abschnitt 7.3. Es stehen Ihnen darüber hinaus u. a. die Standardfunktionen der Schulmathematik zur Verfügung:
Sin(x), Cos(x), Tan(x), ASin(x), ACos(x), ATan(x), Exp(x), Log(x), Sqrt(x), Abs(x), ...
(Anfangsbuchstaben werden jeweils groß geschrieben.) Die Konstanten Pi = 3.14... und E = 2.71... sind vordefiniert.

Außerdem gibt es geometrische Funktionen, die auf bereits konstruierte Objekte Bezug nehmen:

- X(A) und Y(A) liefern die x- bzw. die y-Koordinate eines Punktes mit dem Namen A.
- Dist(A,B) ergibt den Abstand zweier Punkte A und B,
- L(a) liefert die Länge einer Strecke mit dem Namen a.
- Mit Deg(A,B,C) bzw. Rad(A,B,C) erhält man die Größe des Winkels ∢ABC im Gradmaß bzw. im Bogenmaß.

Als Funktionsterme sind somit beispielsweise zulässig:

2*x + 1
Sin(x/3) – 4*X(A)
0.5^(x+1)
Abs(x^7) * Dist(C,D)

Beachten Sie: Dezimalbrüche werden wie beim Taschenrechner mit einem Dezimalpunkt „." notiert (kein Komma), Multiplikationszeichen „*" dürfen nicht entfallen (nicht: 2x), das Divisionszeichen ist „/" (nicht „:").

Viele weitere Funktionen sind im internen Hilfehandbuch beschrieben, u. a. logische Funktionen, Runden, Differenzieren, Integrieren. Sie gelangen zur zugehörigen Seite *„Allgemeines zu Berechnungen"* etwa über den Link auf der Hilfeseite zu Funktionsgraphen. (Klicken Sie dazu auf .)

Dynamische Funktionsgraphen mit Schiebereglern

Zurück zu obigem Unterrichtsbeispiel: Zunächst konnten die Schüler die vorgegebenen Funktionen selbstständig untersuchen und dabei entdecken, welche Bedeutung die Zahlenwerte in den Funktionstermen für die Graphen besitzen. In einem zweiten Schritt kommt es darauf an, dass sich die Schüler allmählich von den konkreten Zahlenwerten (wie in $y = 5x^2$) lösen und allgemeine Einsichten entwickeln wie etwa: „Parabeln zu $y = ax^2$ sind für positive a nach oben und für negative a nach unten geöffnet. Wird der Betrag von a größer, wird die Parabel enger. Wird der Betrag von a kleiner, wird die Parabel weiter geöffnet."
Dieser gedankliche Abstraktionsschritt von konkreten Zahlenwerten hin zu allgemeinen Parametern ist nicht zu unterschätzen. Die Schüler müssen anhand von Erfahrungen an einzelnen Graphen Vorstellungen über *Veränderungsprozesse* entwickeln: Wie verändert sich der Funktionsgraph, wenn man den im Funktionsterm enthaltenen Parameter kontinuierlich variiert?
Mit dynamischer Mathematik können derartige Prozesse der Deformation oder Verschiebung von Graphen eindrucksvoll erfahrbar gemacht werden. In der diskutierten Unterrichtssituation zu Parabeln könnte die Lehrkraft den Schülern etwa vorbereitete GEONExT-Konstruktionen zum eigenständigen Experimentieren und Entdecken zur Verfügung stellen (siehe Abbildung). Die gezeigte Funktion enthält einen Parameter, dessen Wert durch einfaches Ziehen mit der Maus am Schieberegler kontinuierlich variiert werden kann. Der Funktionsgraph ändert seine Gestalt dabei kontinuierlich mit. Dynamische Mathematik bietet so Visualisierungsmöglichkeiten, die mit anderen Werkzeugen nicht realisierbar sind.

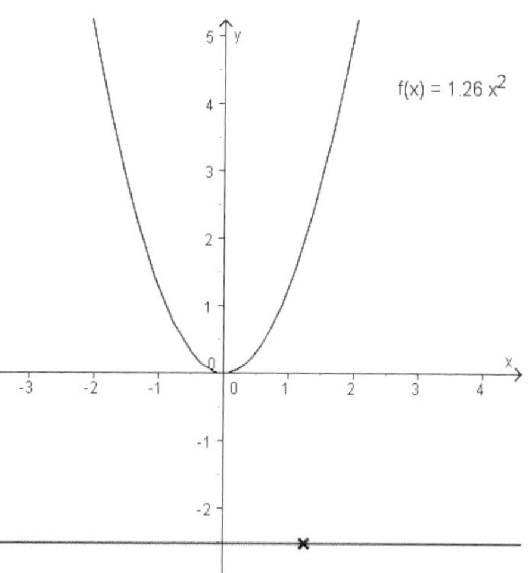

Den Abschluss einer derartigen Unterrichtssequenz muss natürlich eine Verallgemeinerung und Zusammenfassung der Einzelergebnisse bilden, indem die Bedeutung der Parameter in der allgemeinen quadratischen Funktion $y = a(x + b)^2 + c$ untersucht und diskutiert wird. Auch hier kann ein dynamischer Funktionsgraph, der durch drei Schieberegler beeinflussbar ist, als Arbeitsgrundlage und Kristallisationspunkt des Verständnisses dienen.
Wenden wir uns noch der Frage zu, wie solche dynamisch veränderbaren Funktionsgraphen praktisch erstellt werden können.

Übung: Dynamische Funktionsgraphen

Öffnen Sie eine neue Zeichenfläche, blenden Sie das Koordinatensystem ein und schieben Sie den Ursprung etwa in die Bildschirmmitte.

Konstruieren Sie – wie in obigem Bild – eine Parallele zur x-Achse. (Setzen Sie beispielsweise einen Punkt A auf die y-Achse und konstruieren Sie die Parallele zur x-Achse durch A.) Erzeugen Sie einen zweiten Punkt B auf dieser Parallelen. Der Punkt B ist dadurch ein Gleiter auf der Geraden. Bewegt man den Punkt B, so verändert sich sein x-Wert X(B) „kontinuierlich".

Erzeugen Sie einen Funktionsgraphen, bei dem X(B) im Funktionsterm vorkommt, z. B. X(B)*x^2, x^2 + X(B) oder X(B)*Sin(x).
Beobachten Sie die Auswirkungen auf der Zeichenfläche: Wenn Sie den Punkt B bewegen, sollte sich der Funktionsgraph entsprechend mitverändern. Mit Ihren Kenntnissen über die Gestaltung von Texten aus Abschnitt 7.3 können Sie auch den jeweils aktuellen Funktionsterm als Text anzeigen lassen.

> Erstellen Sie eine GEONExT-Konstruktion, mit der die Schüler die Bedeutung der Parameter in der quadratischen Funktion $f(x) = a\,(x + b)^2 + c$ experimentell entdecken können. (Tipp: drei Schieberegler)

Hinweis: Sie finden alle in diesem Abschnitt angesprochenen GEONExT-Konstruktionen auf der beigefügten CD im Ordner „GEONExT Beispiele/Konstruktionen/Parabeln".

7.5 Verbindungen zwischen Geometrie und Analysis herstellen

Lehrpläne wie Schulbücher gliedern die Schulmathematik in der Regel in Teildisziplinen wie Geometrie, Arithmetik/Algebra oder Analysis und bilden Jahrgangsstufen übergreifende Themenstränge heraus. Beim Problemlösen stehen die Schüler allerdings oftmals der Notwendigkeit gegenüber, Verbindungen zwischen diesen Bereichen herzustellen und flexibel zwischen verschiedenen Blickwinkeln zu wechseln. Dadurch werden Aufgabenstellungen von Schülern häufig als schwierig empfunden.
Mit dynamischer Mathematiksoftware lassen sich derartige Verbindungen sichtbar und erfahrbar machen. In geometrischen Situationen können Größen quantitativ erfasst und funktionale Zusammenhänge erschlossen werden.
Damit sind wir bereits beim praktischen Einsatz dynamischer Mathematik im Unterricht. Bei den folgenden drei Beispielen stehen dynamische Konstruktionen im Blickfeld, die in erster Linie der Visualisierung mathematischer Zusammenhänge dienen. Sie können et-

wa von der Lehrkraft im Rahmen der Unterrichtsvorbereitung erstellt und den Schülern zur Bearbeitung einer Aufgabenstellung an die Hand gegeben werden. Es geht hier also weniger um das eigenständige Konstruieren der Schüler, als vielmehr um das eigenständige Entdecken von Sachverhalten an vom Lehrer angefertigten Konstruktionen. (Dies schließt natürlich nicht aus, dass besonders interessierte Schüler sich auch daran versuchen, derart komplexe Konstruktionen selbst zu erzeugen.)

In diesem Kapitel werden wir das GEONExT-Werkzeug *„(x,y)-Punkt“* ausgiebig nutzen. (Sie finden es im Menü *„Punkt“*.) Beim Aufruf öffnet sich ein Fenster, in dem die Koordinaten von Punkten explizit eingegeben werden können. Da hierbei ähnliche Möglichkeiten des Arbeitens mit Termen wie bei Funktionsgraphen zur Verfügung stehen, ist dieses Werkzeug ausgesprochen mächtig – wir werden dies an Beispielen gleich sehen.

(x,y)-Punkt: Mit diesem Werkzeug können Punkte erzeugt werden, bei denen die Punktkoordinaten als Terme eingegeben werden.

Eine Vorübung zum Kennenlernen: Blenden Sie das Koordinatensystem ein und erzeugen Sie mit dem Werkzeug *„(x,y)-Punkt“* einige Punkte mit festen Koordinaten, z. B. (4; 1), (2; –3), …

Beispiel 1: Flächengleiche Rechtecke

Die folgende Aufgabe gehört zu den Standardproblemen aus dem Themenkreis „Proportionalität“.

Flächengleiche Rechtecke

Betrachte verschiedene Rechtecke mit dem Flächeninhalt 2 cm^2. Wie hängt die Breite der Rechtecke von der jeweiligen Länge ab? Stelle diesen Zusammenhang mit einer Wertetabelle sowie in einem Koordinatensystem dar.

Zunächst sollten sich die Schüler eigenständig und ohne weitere vorgegebene Hilfen mit dem Problem auseinander setzen – allein sowie mit einem Partner. Die Schüler müssen sich dabei allmählich von konkreten, gezeichneten Rechtecken lösen. Um den funktionalen Zusammenhang zwischen Länge und Breite flächengleicher Rechtecke zu verstehen, müssen sie den Prozess der Veränderung der Rechtecksform bei konstantem Flächeninhalt als kontinuierlichen Vorgang auffassen, bei dem etwa die Rechteckslänge als freie Variable verändert wird und die Breite als abhängige Variable dadurch determiniert ist.
Sind die Schüler in das Problemfeld auf individuellen Lernwegen eingedrungen, bietet es sich an, ihnen eine dynamische Konstruktion zur Verfügung zu stellen, die den Prozess der kontinuierlichen Variation der Rechtecksform eindrucksvoll visualisiert, die der Ergebniskontrolle dienen und gleichzeitig eine Basis für ein weiteres Erforschen der Thematik darstellen kann.

Wenden wir uns nun also konkreter GEONExT zu, um kennen zu lernen, wie sich für diese Unterrichtssituation ein Rechteck konstruieren lässt, das durch Ziehen mit der Maus in seiner Länge variiert werden kann, dabei aber stets den konstanten Flächeninhalt von 2 Flächeneinheiten besitzt.

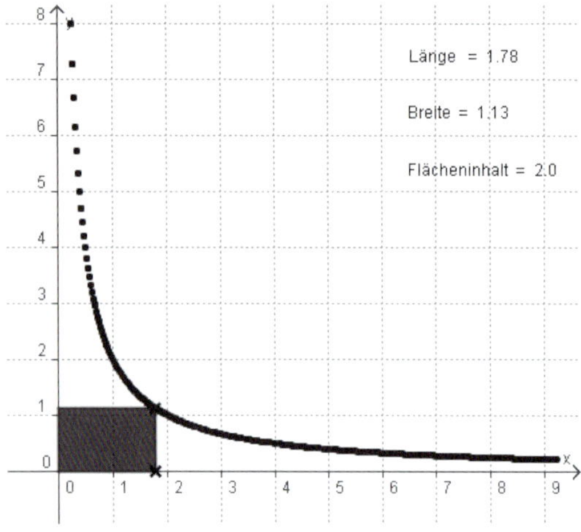

Erzeugen Sie eine neue Zeichenfläche und blenden Sie das Koordinatensystem ein. Setzen Sie einen Punkt A in den Koordinatenursprung und einen zweiten Punkt B auf die positive x-Achse. B wird dadurch ein Gleiter auf der x-Achse. Zwei Eckpunkte des zu konstruierenden Rechtecks ABCD haben Sie dadurch bereits.
Die beiden anderen sind durch die Bedingung, dass das Rechteck den Flächeninhalt 2 haben soll, weitgehend festgelegt. Doch wie konstruiert man sie?

Ein Weg: C wird als (x,y)-Punkt mit den Koordinaten x = X(B) und y = 2/X(B) konstruiert. D ergibt sich dann etwa als Fußpunkt eines Lotes von C auf die y-Achse oder ebenfalls als (x,y)-Punkt.
Füllen Sie die Rechtecksfläche farbig, indem Sie ein Vieleck zeichnen. Wenn Sie den Gleiter B bewegen, ändert die Rechtecksfläche kontinuierlich ihre Gestalt, ihr Inhalt bleibt gleich.

Wir können noch einen Schritt weiter gehen: Versetzen Sie den Eckpunkt C in den Spurmodus und beobachten Sie die Auswirkungen.
Sie hatten in Abschnitt 7.2 gesehen, dass es hierzu in der Übersicht *„Objekteigenschaften“* auf der Karte *„Allgemein“* das Kontrollkästchen *„Spur des Objekts anzeigen“* gibt. Ist es markiert, hinterlässt ein Objekt beim Bewegen in der Zeichenfläche eine Spur.
(Zum Löschen der Spuren in der Zeichenfläche können Sie den Menüeintrag *„Bearbeiten/Spur löschen“* nutzen.)
Lassen Sie die jeweilige Länge, die Breite und den Flächeninhalt des Rechtecks mit Texten auch als Zahlenwerte anzeigen.

Sie können das in diesem Beispiel Kennengelernte an folgendem analogen Problem weiter anwenden und vertiefen:

Wie verändert sich die Breite eines Rechtecks, wenn man seine Länge verändert, den Umfang aber gleich behält?
Erstellen Sie zu diesem Problemfeld eine GEONExT-Konstruktion für Ihre Schüler.

Beispiel 2: Tangente und Steigungsdreieck

Dieses Beispiel zeigt, wie Schüler die Ableitung der Sinusfunktion experimentell entdecken können.
Beim Aufbau der Differenzialrechnung stehen in der Regel Potenz- und Polynomfunktionen am Anfang, die Schüler bestimmen Ableitungen, indem sie den Differenzialquotienten

$\lim\limits_{s\to x}\dfrac{f(x)-f(s)}{x-s}$ nach Umformung des Differenzenquotienten explizit berechnen. Bei der Ableitung der trigonometrischen Funktionen ist dieser Weg relativ aufwändig. Er erfordert trigonometrische und algebraische Umformungen, die in der Regel vom Lehrer in wohl durchdachter Reihenfolge vorgeführt und von den Schülern bestenfalls nachvollzogen werden, die allerdings zum Verständnis für das Wesen der Ableitung wenig beitragen. Deshalb erscheint insbesondere bei den trigonometrischen Funktionen ein experimenteller, entdeckender Zugang zur Ableitung sinnvoll (und für die Schüler einprägsam).
Die Schüler können etwa den Auftrag erhalten, den Graphen der Sinusfunktion $f(x) = sin\ x$ (z. B. mit einer Schablone) in ihr Heft zu zeichnen, an selbst gewählten Stellen die Steigung graphisch zu bestimmen und sich so einen Überblick über den Verlauf der Ableitungsfunktion zu verschaffen – ein Auftrag, der in der Regel nicht für alle Schüler einfach ist.

Haben die Schüler die Thematik zunächst auf eigenen Wegen erkundet, könnte ihnen die Lehrkraft folgende dynamische Konstruktion zur Visualisierung des Sachverhalts, aber auch zur Ergebniskontrolle bereit stellen:

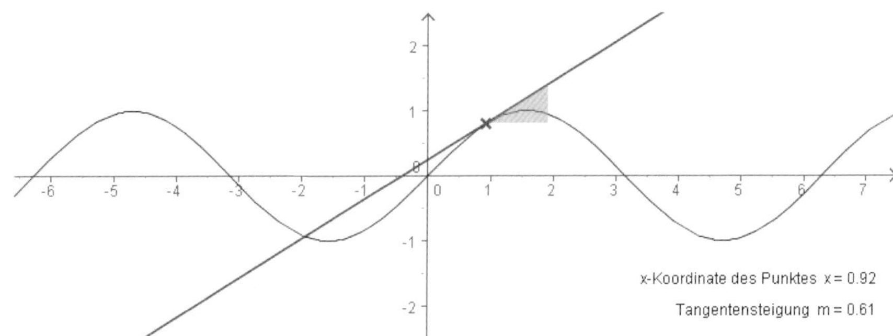

Der markierte Punkt ist ein Gleiter auf dem Graphen. Bewegt man ihn entlang der Kurve, passen sich die Tangente und das Steigungsdreieck kontinuierlich an, der Wert der Geradensteigung wird jeweils in einem Text ausgegeben.
Die von den Schülern ermittelten, diskreten Steigungswerte und die dynamische Variation der Konstruktion geben Aufschluss über den Wertebereich und den Verlauf der Ableitungsfunktion. Verstärkt werden diese Vermutungen, wenn man einen vom Gleiter abhängigen Punkt einblendet, der die gleiche x-Koordinate wie der Gleiter hat und als y-Koordinate den Wert der Geradensteigung besitzt. Versetzt man diesen Punkt in den Spurmodus, hinterlässt er beim dynamischen Variieren der Konfiguration als Spur den Graphen der Ableitungsfunktion.

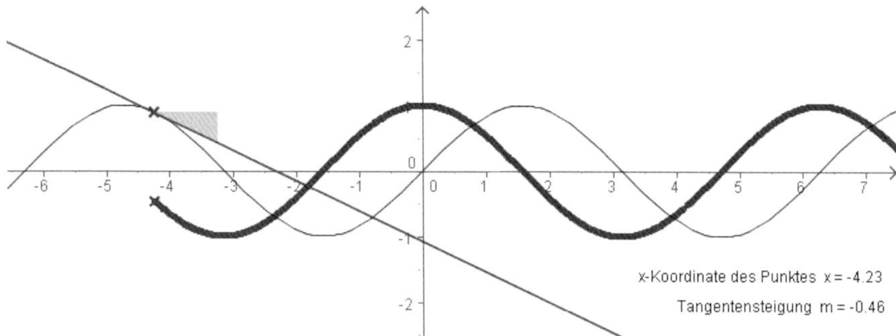

Experimentell entsteht die Erkenntnis: Die Ableitung der Sinusfunktion ist die Kosinusfunktion. (Natürlich ist dies kein strenger Beweis; ein solcher könnte folgen oder aus oben erläuterten Gründen hier auch entfallen.)

Wie kann eine derartige Konstruktion mit GEONExT erzeugt werden? Wenden wir uns also wieder Fragen der technischen Realisierung zu.
Öffnen Sie eine neue Zeichenfläche und blenden Sie das Koordinatensystem ein. Zeichnen Sie einen Funktionsgraphen, z. B. y = Sin(x), und setzen Sie einen Punkt A auf den Graphen.
Um das Steigungsdreieck von A aus zu konstruieren, benötigen Sie zwei weitere Punkte. Konstruieren Sie diese als (x,y)-Punkte.

Ein Weg: Der Punkt B ist gegenüber A um eine Einheit nach rechts verschoben, hat also die Koordinaten x = X(A) +1 und y = Y(A).
Der dritte Punkt C unterscheidet sich von A im y-Wert um die Ableitung der Funktion an der Stelle X(A). Bei der Sinusfunktion könnte man also C als (x,y)-Punkt mit x = X(A) + 1 und y = Y(A) + Cos(X(A)) gewinnen.
Zeichnen Sie das Steigungsdreieck und die Tangente im Punkt A ein und lassen Sie den x-Wert des Gleiters sowie die Tangentensteigung in Texten anzeigen (vgl. Abschnitt 7.3).

Gehen wir noch einen Schritt weiter: Erzeugen Sie einen (x,y)-Punkt, der den gleichen x-Wert wie A und als y-Wert die jeweilige Tangentensteigung besitzt, also etwa x = X(A) und y = Y(C) – Y(B). Setzen Sie diesen Punkt in den Spurmodus und beobachten Sie die Auswirkungen in der Zeichenfläche.

Anmerkung: Wir haben bei der Definition des Punktes C die Kosinusfunktion verwendet. Man könnte diese Ableitung der Ausgangsfunktion auch vom integrierten Computeralgebrasystem berechnen lassen.
Der y-Wert von C hat dann die Gestalt: y = Y(A) + D(Sin(x),x)/. x->X(A)
Mit D(Sin(x),x) wird die Funktion Sin(x) nach der Variablen x differenziert; mit x-> X(A) wird in dieser Ableitung der Wert X(A) für die Variable x eingesetzt. Näheres hierzu finden Sie in der internen Hilfe auf der Seite *„Allgemeines zu Berechnungen"*. Zu dieser Seite gelangen Sie etwa über den Link auf der Hilfeseite zu (x,y)-Punkten.
(Klicken Sie auf ? x y.)

Beispiel 3: Eine Extremwertaufgabe

Wechselspiele zwischen Geometrie und Analysis entstehen in besonderer Weise bei Extremwertaufgaben, wenn geometrische Situationen auf funktionale Zusammenhänge führen, die auf Maxima bzw. Minima zu untersuchen sind. Greifen wir ein Beispiel auf, das wir bereits in Abschnitt 3.6 als Ausgangspunkt für Variationen verwendet haben.

Rechteck variieren

In die Fläche zwischen dem Graphen der Funktion $f(x) = \frac{1}{x^2 + 1}$ und der x-Achse wird ein zur y-Achse symmetrisches Rechteck gezeichnet, dessen Eckpunkte auf der x-Achse bzw. auf dem Graphen liegen.
Wie hängt der Flächeninhalt des Rechtecks von seiner Länge ab? Gibt es eine Länge, bei der das Rechteck einen maximalen Inhalt besitzt?

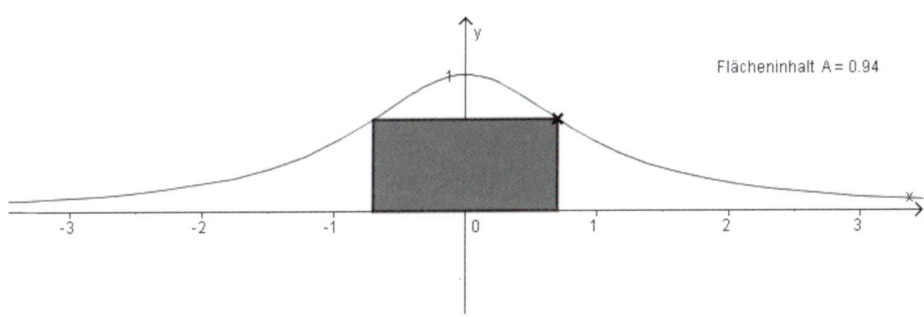

Versuchen wir, diese Situation mit GEONExT zu dynamisieren! Zeichnen Sie in ein Koordinatensystem den Graphen der Funktion und setzen Sie auf den Graphen einen Gleiter. Durch diesen Gleiter ist das Rechteck bereits eindeutig festgelegt. Konstruieren Sie es! (Hierfür können Sie die Werkzeuge *„Punkt (Achsenspiegelung)"* und *„Lotstrecke"* verwenden.) Zeichnen Sie das Rechteck ein und erzeugen Sie einen Text, in dem der jeweils aktuelle Flächeninhalt ausgegeben wird (siehe Abschnitt 7.3). Mit Ihrer Konstruktion sind die dem Extremwertproblem zu Grunde liegenden Veränderungsprozesse des Rechtecks dynamisch erfahrbar.

Sie können – wie in den letzten Beispielen – auch hier noch einen Schritt weiter gehen. Erzeugen Sie einen (x,y)-Punkt, der den gleichen x-Wert wie der Gleiter auf dem Graphen und als y-Wert den jeweiligen Rechtecksinhalt besitzt. Versetzen Sie diesen Punkt in den Spurmodus und beobachten Sie die Auswirkungen in der Zeichenfläche. Bei dynamischer Variation der Konfiguration wird der Graph der zu untersuchenden Flächeninhaltsfunktion skizziert.

Es sind bei dieser Aufgabe verschiedene Wege der Nutzung dynamischer Mathematik im Unterricht denkbar. Sind die (Oberstufen-)Schüler beispielsweise mit GEONExT vertraut, können sie dieses Werkzeug zum Bearbeiten der Aufgabe aktiv nutzen, also den Graphen der Funktion f zeichnen, das Rechteck konstruieren und eigenständig seinen Flächeninhalt untersuchen.

Es kann aber auch sinnvoll sein, dass die Schüler zunächst – allein und mit einem Partner – ohne GEONExT an der Aufgabe arbeiten und die Lehrkraft in einer anschließenden Phase der Präsentation und Diskussion der Resultate die dynamische Konstruktion zur Visualisierung des Sachverhalts und zur Ergebniskontrolle zur Verfügung stellt. Ebenso wie Overheadfolien oder Videofilme im Unterricht als Medien dienen, um den Schülern einen kompakten Block vorgefertigter Informationen darzubieten, können auch fertige GEONExT-Konstruktionen bereichernde Lehrmittel zur Visualisierung mathematischer Zusammenhänge darstellen. Dazu muss man mit der Klasse auch nicht unbedingt in den Computerraum gehen. Es bietet sich beispielsweise an, vorbereitete GEONExT-Konstruktionen – bei entsprechender technischer Ausstattung der Schule – mittels Laptop und Beamer im Klassenzimmer einzusetzen.

Spurkurven

Spurkurve: Aktivieren Sie dieses Symbol und klicken Sie danach auf einen Gleiter und einen Punkt, der von diesem Gleiter abhängt. Die Bewegung des Gleiters wird numerisch simuliert und die daraus resultierende Ortskurve des vom Gleiter abhängigen Punktes als Spurkurve erzeugt.

In den letzten drei dargestellten Beispielen hängt jeweils ein (x,y)-Punkt von einem Gleiter ab. Der (x,y)-Punkt befindet sich im Spurmodus. Wird der Gleiter bewegt, so bewegt sich der davon abhängige (x,y)-Punkt mit und hinterlässt dabei eine Spur. Die entstehende Spurkurve kann man mit dem zugehörigen Werkzeug auch direkt zeichnen und als GEONExT-Objekt erzeugen lassen.

Sie haben nun einen recht umfassenden Überblick über GEONExT erhalten, einen Überblick, der es Ihnen erlauben sollte, die Einsatzfelder dieses Mediums in Ihrem Unterricht abzuschätzen. Bislang noch nicht angesprochen wurden Inhalte wie etwa

- Parameterkurven,
- animierte Gleiter,
- Hintergrundbilder,
- Konstruktionsprotokoll,
- benutzerdefinierte Werkzeugleiste,
- Export nach HTML (siehe Kapitel 8).

Allerdings wird es Ihnen mit Ihrem bislang erworbenen Grundverständnis für GEONExT und mit Unterstützung der internen Hilfe nicht schwer fallen, bei Bedarf weitere Möglichkeiten von GEONExT zu erkunden.

Noch eine Anmerkung, die sich für die alltägliche Unterrichtsvorbereitung als hilfreich erweisen kann:

Zeichnung als Bild in die Windows-Zwischenablage

Gelegentlich entsteht das Bedürfnis, GEONExT-Konstruktionen als Bilder in Textdokumente einzubinden (etwa um Arbeitsblätter für die Schüler zu gestalten) oder diese Bilder mit einem Bildbearbeitungsprogramm zu verarbeiten. Wenn Sie im GEONExT-Menü unter *„Zeichenfläche"* den Eintrag *„Screenshot erstellen"* wählen, wird der Inhalt der aktuellen Zeichenfläche als Bild in die Windows-Zwischenablage kopiert. Dieses Bild können Sie anschließend in einem anderen Programm (z. B. einem Textverarbeitungsprogramm) mittels *„Bearbeiten/Einfügen"* aus der Zwischenablage holen und in ein Dokument einfügen.

Screenshot erstellen: Damit wird die aktuelle Zeichenfläche als Bild in die Zwischenablage kopiert.

Experimentieren Sie mit GEONExT weiter!
Arbeiten Sie mit Ihren Schülern mit dynamischer Mathematik und tauschen Sie sich mit Ihren Kollegen hierüber aus.

8. Dynamische Arbeitsblätter – ein Weg zu eigenständigem Lernen

Dynamische Arbeitsblätter stellen eine neue Form von Unterrichtsmaterialien dar. Interaktive Konstruktionen werden mit Text, Bildern und Links zu einem Lernmedium kombiniert. Im Folgenden können Sie kennen lernen, wie dynamische Arbeitsblätter den Mathematikunterricht bereichern und Schüler beim Gehen eigener Lernwege begleiten können.

Technische Vorbemerkungen
Dynamische Arbeitsblätter werden auf Ihrem Rechner im jeweiligen Internet-Browser angezeigt. Damit dieser die dynamischen Konstruktionen wiedergeben kann, muss er Java unterstützen. Bei manchen Browsern ist dies automatisch erfüllt (z. B. bei Netscape 7), bei anderen ist es notwendig, das Java Runtime Environment (JRE) nachträglich zu installieren (z. B. bei Internet Explorer 6). Falls Sie GEONExT mit der Datei „GEONExT Windowsinstallation.exe" der Begleit-CD installiert haben, wurde diese Java-Unterstützung – sofern noch nicht vorhanden – automatisch mitinstalliert.
Sollten in den dynamischen Arbeitsblättern die Konstruktionen dennoch nicht angezeigt werden, prüfen Sie, ob der Browser auf das installierte Java auch zugreift. (Einen entsprechenden Eintrag finden Sie in Ihrem Browser, etwa im Menü „Internetoptionen".)

Wenn Sie dynamische Arbeitsblätter selbst erzeugen oder die auf der CD vorhandenen an eine andere Stelle kopieren (z. B. auf Ihre Festplatte), beachten Sie bitte, dass Sie die Daten in keinen Ordner kopieren, dessen Name einen Umlaut (ä, Ä, …) enthält. Java hat damit sonst Probleme.
Weitere technische Details finden Sie im letzten Abschnitt dieses Buches „Zur beiliegenden CD".

8.1 Was sind dynamische Arbeitsblätter?

Beim Erstellen von Unterrichtsmaterialien mit dynamischer Mathematik entsteht oft das Bedürfnis, Konstruktionen in einen Textzusammenhang einzubetten – etwa für Arbeitsaufträge oder erklärende Erläuterungen. Die dynamische Mathematiksoftware GEONExT lässt sich dazu in HTML-Seiten integrieren. Interaktive Konstruktionen, die von den Schülern am Bildschirm dynamisch variiert werden können, in Verbindung mit Text, Bildern, Links und anderen Web-Elementen lassen eine neue Form von Unterrichtsmaterialien entstehen, so genannte dynamische Arbeitsblätter.
Bevor wir uns in Abschnitt 8.3 dem Lehren und Lernen mit dynamischen Arbeitsblättern zuwenden, betrachten wir zunächst einige Beispiele, um einen ersten Eindruck von diesen Lernmedien zu gewinnen. Sie finden diese Materialien neben weiteren auch auf der

Begleit-CD im Ordner „GEONExT Beispiele". Sehen Sie sich die Materialien in ihrer dynamischen Version am Bildschirm an. Sie können sie auch in Ihrem eigenen Unterricht einsetzen.

Beispiel: Quader

Wie verändern sich die Oberfläche und das Volumen eines Quaders, wenn man jede Kantenlänge verdoppelt, verdreifacht, vervierfacht, ...? Derartige Fragen fallen vor allem jüngeren Schülern der Sekundarstufe ausgesprochen schwer, auch wenn sie die Berechnung der Oberfläche und des Volumens *vorgegebener* Quader sicher beherrschen. Die Schwierigkeit liegt im nötigen Wechsel der Perspektive: Gut vertraute Berechnungsformeln für Oberflächen und Volumina sind als funktionale Zusammenhänge aufzufassen. Platzhalter für konkrete Zahlen nehmen plötzlich die Rolle einer unabhängigen Variablen einer Funktion ein. Dieser Schritt von der Zahl zur Funktionsvariablen fällt auch deshalb schwer, weil die kontinuierliche Variation der Variablen, der *Prozess* des Vergrößerns und Verkleinerns eines Quaders mit traditionellen Unterrichtsmitteln nur in der Vorstellung der Schüler angeregt werden kann.

Dynamische Mathematik schafft hier eine substanziell neue Qualität an Visualisierungs- und Verständnismöglichkeiten. Das abgebildete dynamische Arbeitsblatt gestattet es den Schülern einerseits, den Zusammenhang zwischen dem Schrägbild eines Quaders und einem zugehörigen Quadernetz zu erfahren, bei kontinuierlicher Änderung der einzelnen Kantenlängen passen sich die zugehörigen Flächen des Netzes entsprechend an. Andererseits wird durch diese kontinuierliche Veränderungsmöglichkeit ein Verständnis für die (stetige) funktionale Abhängigkeit des Volumens und des Oberflächeninhalts von den Kantenlängen angebahnt.

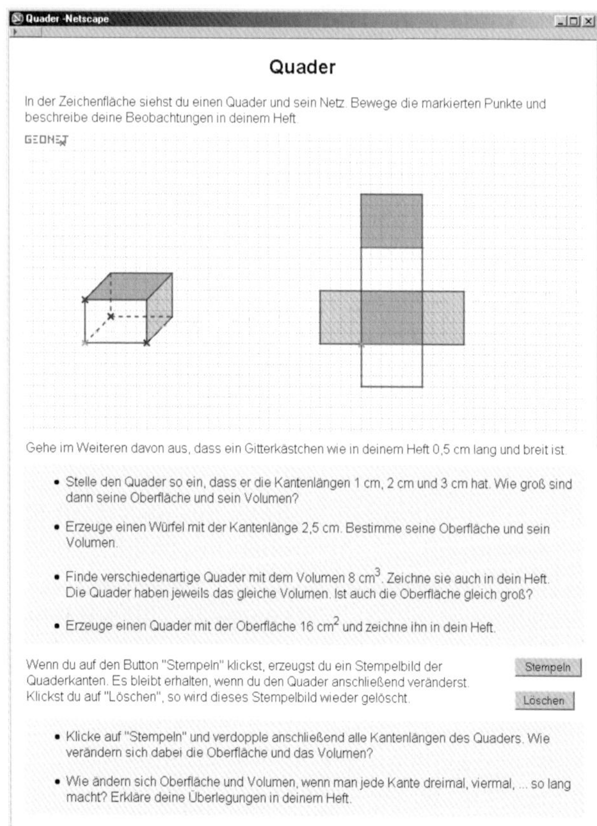

Mit den ersten beiden Arbeitsaufträgen machen sich die Schüler mit der Konstruktion vertraut und wenden ihr Wissen zur Bestimmung des Oberflächeninhalts und des Volumens von Quadern an. Die beiden darauf folgenden Aufgaben erfordern etwas kombinatorische Überlegungen, es sind Quader mit vorgegebenem Volumen bzw. vorgegebener Oberfläche zu finden. Bei den letzten beiden Aufgaben wird die Stärke der dynamischen Mathematik deutlich: Das Vergrößern und Verkleinern des Quaders kann kontinuierlich erfolgen. Damit dabei der Ausgangszustand nicht aus dem Blick gerät, kann mit einem Mausklick das Kantengitter des ursprünglichen Quaders in die Zeichenfläche „gestempelt“ werden. Technisch ist dies mit einer Java-Script-Anweisung realisiert, mit der in der HTML-Seite die Konstruktion von außen beeinflusst wird.

Beispiel: Gelenkviereck

Das dynamische Arbeitsblatt „Quader“ enthielt eine fertige Konstruktion. Die Schüler können – ohne über Bedienerfertigkeiten für die dynamische Mathematiksoftware verfügen zu müssen – allein durch Variieren der Konstruktion mit der Maus mathematische Zusammenhänge erkunden.

Allerdings mag es auch sinnvoll sein, die Schüler eigenständig in der Zeichenfläche des dynamischen Arbeitsblatts konstruieren zu lassen. GEONExT stellt dazu alle für die Schulgeometrie relevanten Konstruktionswerkzeuge zur Verfügung, bietet aber auch die Möglichkeit, die zugehörige Symbolleiste den jeweiligen Erfordernissen anzupassen und den Schülern nur die tatsächlich benötigten Werkzeuge anzubieten.

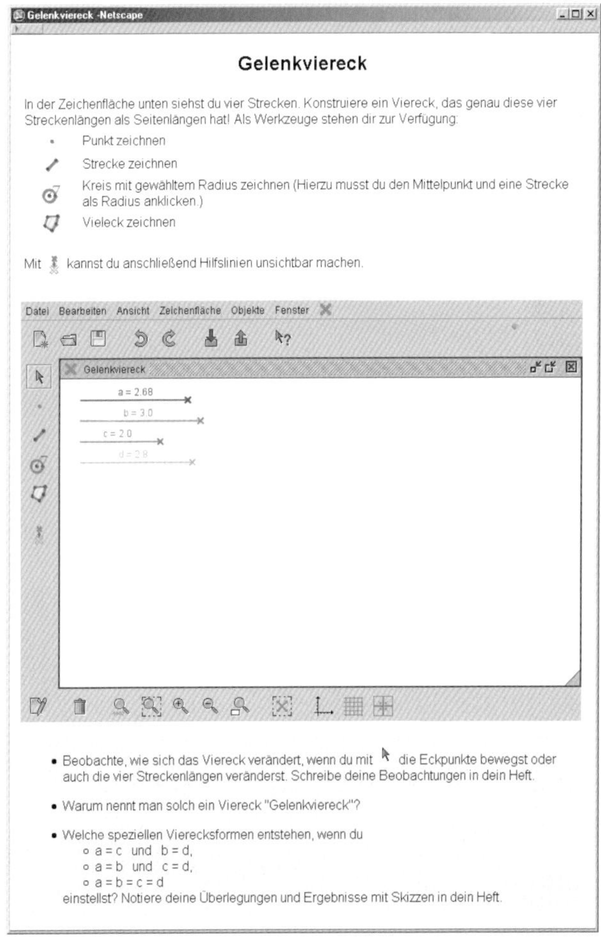

Ein Beispiel: Dreiecke sind durch die Längen aller ihrer Seiten eindeutig festgelegt, Vierecke dagegen nicht. Bei der Konstruktion eines Vierecks aus vier vorgegebenen Seitenlängen besitzt man einen Freiheitsgrad, den man bei der Konstruktion auf Papier nur unbefriedigend auszunutzen vermag. Jedes auf Papier konstruierte Viereck ist unbeweglich, einen Überblick über alle möglichen Lösungen gewinnt man schwerlich. Ganz anders stellt sich die Situation in der Zeichenfläche eines dynamischen Arbeitsblatts dar: Aus den gegebenen Streckenlängen lässt sich ein Viereck konstruieren, das anschließend unter Beibehaltung aller geforderten Eigenschaften beweglich ist, ein „Gelenkviereck“.

Das dynamische Arbeitsblatt gibt Anlass zu Überlegungen, welche Vierecksformen mit den vorliegenden Bedingungen überhaupt realisierbar sind und welche nicht. Variiert man zudem die gegebenen

Streckenlängen, so verändert sich das Viereck, das ja in Abhängigkeit von den Strecken konstruiert wurde, kontinuierlich mit. Es bietet sich an, Spezialfälle zu untersuchen, bei denen je zwei bzw. alle vier Strecken gleich lang sind.

Wie dynamische Arbeitsblätter erzeugt und individuell gestaltet werden, können Sie in Abschnitt 8.4 kennen lernen.

8.2 Dynamische Lernumgebungen

Eine thematisch zusammenhängende Abfolge dynamischer Arbeitsblätter wird auch als dynamische Lernumgebung bezeichnet. Derartige Materialien schaffen komplexere Unterrichtssituationen, die auf Seiten der Schüler selbstständiges, aktiv-entdeckendes Arbeiten geradezu provozieren. Die Schüler können sich über eine längere Phase hinweg mit einer Thematik auseinander setzen, diese durchdringen und erschließen.
Auf der beiliegenden CD finden Sie im Ordner „GEONExT Beispiele/Lernumgebungen" einige Lernumgebungen mit dynamischer Mathematik.

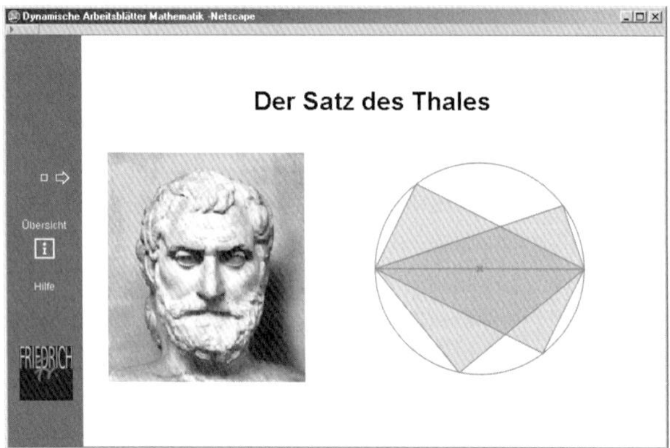

Beispiel: Satz des Thales
Greifen wir eine bereits in Kapitel 7 angesprochene Thematik wieder auf und betrachten wir eine Lernumgebung zum Satz des Thales (aus Baptist 2004):

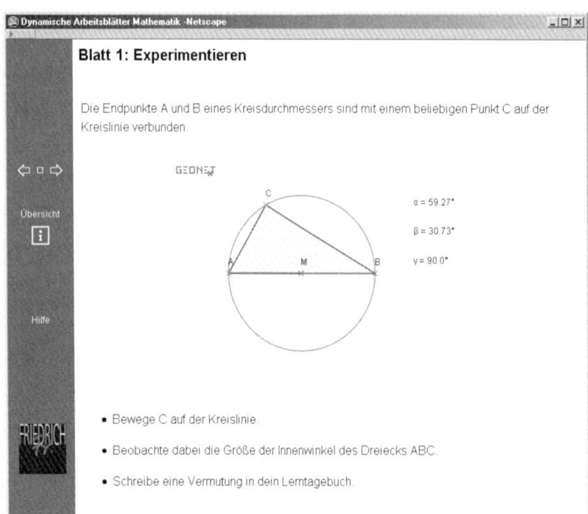

Anhand der dynamischen Konstruktion können die Schüler einen spielerischen Zugang zum Thema gewinnen. Kurze Arbeitsaufträge leiten zu eigenständigem Experimentieren und Entdecken an.
Die Schüler sind generell aufgefordert, ihre Beobachtungen und Überlegungen selbstständig in ihr Heft zu notieren. Dabei lernen sie, ihre Gedankengänge zu ordnen und sich schriftlich auszudrücken. Diese Aufzeichnungen dienen als Grundlage für eine spätere Diskussion der Ergebnisse.

Diese Seite erlaubt den Schülern eine Einordnung ihrer Beobachtungen und Ergebnisse. Gleichzeitig erhalten sie den Auftrag, nach einem Weg zum Beweis des Satzes zu suchen, verbunden mit dem Tipp, die Strategie „Verwende eine geeignete Hilfslinie" zu nutzen. Bewegen sie den Mauszeiger über den zugehörigen Text, wird die entsprechende Hilfslinie [CM] eingeblendet.
Nach einer Phase der Einzelarbeit bietet es sich an, dass die Schüler zu zweit oder in Kleingruppen ihre Überlegungen und bisherigen Ergebnisse vergleichen, diskutieren und ggf. erweitern.

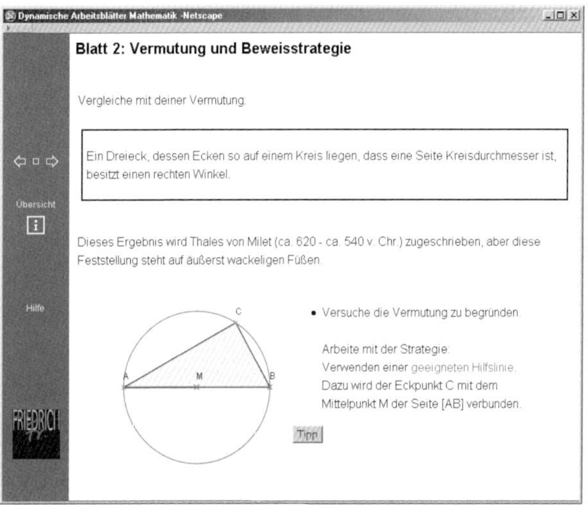

Haben die Schüler auf eigenen Wegen nach einer Begründung für den Satz des Thales geforscht, bietet diese Seite einen Beweis der aufgestellten Vermutung. Die Schüler ergänzen mit Hilfe dieser Anleitung ihre bisherigen Resultate und dringen so tiefer in die Beweisgedanken vor. Auch hier werden die relevanten Teile der Zeichnung mit Hilfe einer Überblendtechnik farblich hervorgehoben, wenn man den Mauszeiger auf die entsprechenden Textabschnitte bewegt.

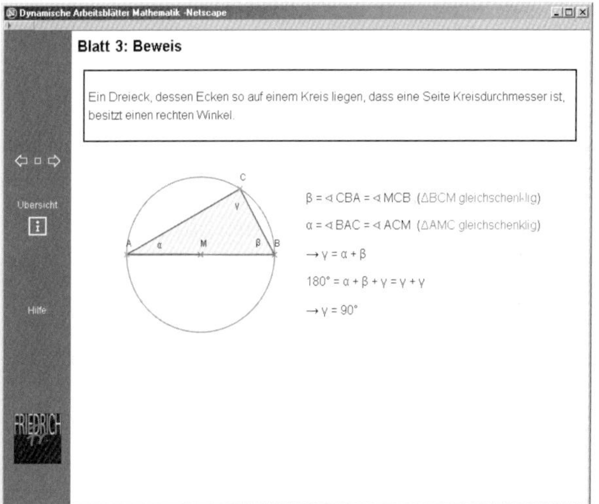

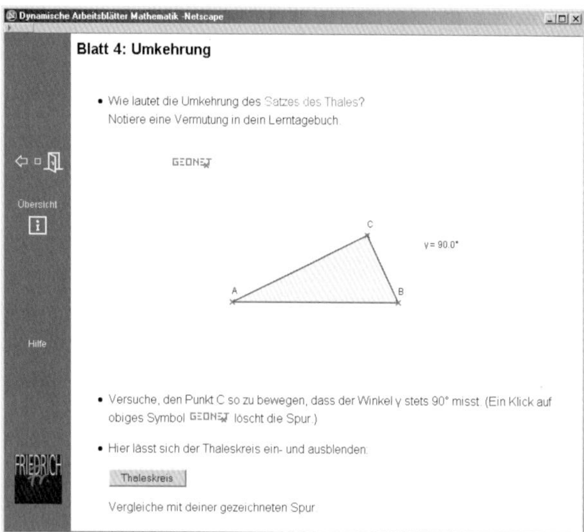

Die letzte Seite der Lernumgebung führt auf die Fragestellung: „Wie lautet die Umkehrung des Satzes des Thales?" In der dynamischen Konstruktion können die Schüler den Eckpunkt C frei bewegen. Hält man bei dieser Bewegung den Innenwinkel γ stets bei (etwa) 90°, so hinterlässt der Punkt C in der Zeichenfläche eine Spur, die einen Kreis – den Thaleskreis über [AB] – andeutet.

Als Angebot bietet die Lernumgebung zusätzlich ein zusammenfassendes Ergebnisblatt im PDF-Format zum Ausdrucken an. Die Schüler erhalten darauf nochmals einen Überblick über die Thematik und können es zur Ergebnissicherung in ihr Arbeitsheft einkleben.

Vielleicht haben die bisher vorgestellten dynamischen Arbeitsblätter bei Ihnen den Wunsch geweckt, solche selbst in Ihrem Unterricht einzusetzen. Doch wie kann man sie beschaffen?

- Einige Materialien finden Sie auf der beigefügten CD.
- Auf der GEONExT-Homepage http://geonext.de stehen dynamische Arbeitsblätter zum Download oder zur Online-Bearbeitung zur Verfügung.
- Das Buch mit CD „Experimentieren und Entdecken mit dynamischen Arbeitsblättern" (Miller, Ulm 2006) enthält 22 dynamische Lernumgebungen für die Sekundarstufe I. Der Schwerpunkt liegt dabei auf experimentell-entdeckenden Zugängen zu Standardinhalten der Schulmathematik.
- Das Buch mit CD „Dynamische Arbeitsblätter Mathematik, Klasse 7/8" (Baptist 2004) enthält eine Sammlung von 16 dynamischen Lernumgebungen zu den Themen Dreiecke, Vierecke und Achsensymmetrie.
- Wie Sie dynamische Arbeitsblätter für Ihren Unterricht selbst gestalten können, wird in Abschnitt 8.4 vorgestellt.

8.3 Lehren und Lernen mit dynamischen Arbeitsblättern

Das Unterrichten mit dynamischen Arbeitsblättern ordnet sich in natürlicher Weise in das Bild von Mathematikunterricht ein, das wir in diesem Buch entworfen haben. Die in den vorhergehenden Kapiteln diskutierten Aspekte des Lehrens und Lernens sind von solch hoher Tragweite, dass sie uns auch einen Weg aufzeigen, wie dynamische Arbeitsblätter in den alltäglichen Mathematikunterricht sinnvoll integriert werden können. Einige Schlaglichter, die gleichzeitig fundamentale Ideen des Lernens nochmals in Erinnerung rufen:

- Lernen ist ein konstruktiver Prozess. Wissen kann nicht vom Lehrer in die Schülerköpfe gefüllt werden, sondern muss von den Schülern durch Eigentätigkeit aktiv konstruiert werden. Aufgabe der Lehrkraft ist es, Bedingungen zu schaffen, unter denen diese Aktivität am besten stattfinden kann. Dynamische Arbeitsblätter bieten hierzu einen geeigneten Rahmen. Die Schüler sind gefordert, sich eigenständig mit den Problemstellungen und Arbeitsaufträgen auseinander zu setzen, eigene Lernwege zu gehen. Die dynamischen Konstruktionen unterstützen sie dabei.

- Lernen ist ein selbstgesteuerter Prozess. Den Schülern werden auf dynamischen Arbeitsblättern zwar Aufträge und Probleme gegeben, sie können allerdings – innerhalb eines gewissen Rahmens – selbstständig entscheiden, wie sie diese bearbeiten möchten. Die Schüler können ihr Lerntempo weitgehend selbst steuern und sind für ihren Lernfortschritt maßgeblich selbst verantwortlich. Damit bieten dynamische Arbeitsblätter auch ein geeignetes Mittel zur Binnendifferenzierung: Leistungsstärkere Schüler können sich der eigenständigen Erarbeitung komplexerer Problemstellungen widmen, der Lehrkraft bietet sich die Möglichkeit, sich gezielt der Förderung Leistungsschwächerer zuzuwenden.

- Lernen ist ein sozialer Prozess. Auch wenn die Schüler auf den ersten Blick am Bildschirm arbeiten, sind die Mitschüler und die Lehrkraft unersetzliche Lernpartner. Dynamische Arbeitsblätter sind keine Medien zum Selbstlernen! Sie bieten Schülern Anstöße, um eingebunden in die Klassengemeinschaft und mit Bezug auf die Lehrkraft zu lernen. Das methodische Prinzip „Ich, du, wir" (vgl. Abschnitt 2.4) zeigt auch hier einen Weg auf, wie die Kommunikation und Kooperation mit den Mitschülern sowie die Präsentation und Diskussion erarbeiteter Ergebnisse im Klassenteam integrale Bestandteile des Lernprozesses sein können.

- Lernen und Handeln sind eng miteinander verbunden. Dynamische Arbeitsblätter laden zum Experimentieren ein, der Zugang zu den Inhalten erfolgt über konkrete Tätigkeiten am Bildschirm. Durch einfaches Ziehen mit der Maus können die dynamischen Konfigurationen verändert werden und so als Basis für eigenständiges Forschen und Entdecken dienen. Neben dem Bildschirm ist das Heft ein wesentlicher Ort des individuellen Arbeitens. Die Schüler sollten auf dynamischen Arbeitsblättern und durch die Lehrkraft immer wieder aufgefordert werden, ihre Beobachtungen, Überlegungen und Ergebnisse in ihr Heft zu notieren.

- Lernen vollzieht sich an Anschauungsobjekten. Die beweglichen Konstruktionen bilden das Herzstück dynamischer Arbeitsblätter, sie dienen als Ausgangspunkt und Werkzeug für das mathematische Arbeiten der Schüler. So stehen den Schülern mit dynamischen Konstruktionen aktiv veränderbare Anschauungsobjekte zur Verfügung, an denen sich ein Verständnis der zu Grunde liegenden Thematik entwickeln kann.

8.4 Individuelle Gestaltung dynamischer Arbeitsblätter

Mit alledem, was Sie bislang über dynamische Mathematik kennen gelernt haben, können Sie Ihren Unterricht in vielfältiger Weise bereichern. Sie können Ihren Schülern etwa Aufgaben zum selbstständigen Konstruieren in der GEONExT-Zeichenfläche stellen, selbst Konstruktionen anfertigen, um an diesen Ihre Schüler mathematische Zusammenhänge entdecken zu lassen, Konstruktionen zu Visualisierungszwecken einsetzen oder fertige dynamische Arbeitsblätter in Ihrem Unterricht nutzen.
Falls Sie noch tiefer in die Möglichkeiten dynamischer Mathematik einsteigen möchten, bietet das Folgende den notwendigen Hintergrund, damit Sie selbst dynamische Arbeitsblätter erzeugen und gestalten können. Sie benötigen dazu keine Programmierkenntnisse und keine Kenntnisse der Sprache HTML, lediglich einige Fertigkeiten im Umgang mit GEONExT und einem (Web-)Editor.

Prinzipiell lassen sich vier Wege der Erzeugung dynamischer Arbeitsblätter unterscheiden:

- Eine Vorlage für ein dynamisches Arbeitsblatt modifizieren,
- mit GEONExT ein dynamisches Arbeitsblatt erzeugen und dieses mit einem Editor bearbeiten,
- mit einem Editor ein dynamisches Arbeitsblatt erzeugen und eine GEONExT-Konstruktion einfügen,
- den „GEONExT Worksheet Creator“ nutzen.

Mit der 2007 neu erschienenen Software „GEONExT Worksheet Creator“ (Baptist, Miller 2007) kann man dynamische Lernumgebungen nach individuellen Vorstellungen komfortabel erstellen und gestalten, *ohne* mit dem HTML-Code in Kontakt zu kommen. Man kann sich voll auf die Erstellung von dynamischen Konstruktionen und die Formulierung von Texten für die Schüler konzentrieren.

Im Weiteren wird der erste der obigen Wege vorgestellt. Die Beschreibung der drei anderen Wege nimmt stärker auf die jeweils aktuellen Versionen der Software GEONExT, GEONExT Worksheet Creator und Microsoft Frontpage Bezug. Damit diese Beschreibung bei Weiterentwicklungen der Programme stets aktualisiert werden kann, wird sie im Internet unter der Adresse http://z-mnu.uni-bayreuth.de/mathematik/kallmeyer.html zum Download zur Verfügung gestellt. Die zum Zeitpunkt der Drucklegung dieses Buches aktuelle Fassung finden Sie auf der beigefügten CD im Ordner „GEONExT Beispiele“ in der Datei „Dynamische Arbeitsblaetter erzeugen.pdf“.

Analyse und Modifikation einer Vorlage für ein dynamisches Arbeitsblatt

Die Begleit-CD enthält eine Rohvorlage für dynamische Arbeitsblätter, die wir im Folgenden analysieren und ausgestalten werden. Sehen Sie sich im Ordner „GEONExT Beispiele/Dynamische Arbeitsblaetter“ den Unterordner „Vorlage“ an. Er enthält drei Dateien:

- **„Arbeitsblatt.html":** Eine HTML-Datei, die das Gerüst des dynamischen Arbeitsblatts sowie den für die Schüler angezeigten Text enthält.
- **„Konstruktion.gxt":** Eine mit GEONExT erzeugte Datei, in der die dynamische Konstruktion codiert ist. Der Browser greift zur Anzeige des dynamischen Arbeitsblatts auf diese Datei zu.
- **„geonext.jar":** Eine Archiv-Datei, die der Browser benötigt, um eine GEONExT-Konstruktion anzeigen zu können. (Der Browser sucht diese Archiv-Datei standardmäßig stets in dem Ordner, in dem sich die HTML-Datei des dynamischen Arbeitsblatts befindet.)

Rufen Sie die Datei „Arbeitsblatt.html" auf und sehen Sie sich dieses Arbeitsblatt an. Es öffnet sich in Ihrem Internet-Browser.
Im Folgenden können Sie kennen lernen, wie sich der Text und die eingebettete Konstruktion individuell gestalten lassen. Damit Sie mit den Dateien arbeiten können, ist es notwendig, den Ordner „Vorlage" von der CD auf die Festplatte Ihres Rechners zu kopieren. Evtl. werden die Dateien beim Kopieren auf die Festplatte schreibgeschützt angelegt; Sie sollten den Schreibschutz ggf. entfernen. (Klicken Sie hierzu die Dateien im Windows-Explorer mit der rechten Maustaste an und deaktivieren Sie im Kontextmenü „Eigenschaften" den Eintrag „schreibgeschützt".)

Verändern des Textes

Der Text befindet sich in der Datei „Arbeitsblatt.html". Öffnen Sie diese mit einem Editor, z. B. mit Microsoft Frontpage oder Netscape Composer.
(Sollten Sie über keinen Web-Editor verfügen, können Sie die Datei auch etwa mit Microsoft Word bearbeiten oder auf den HTML-Quelltext mit einem einfachen Text-Editor zugreifen. Beachten Sie zu Letzterem den übernächsten Abschnitt „Analyse des HTML-Quelltextes".)
In der Normalansicht von Frontpage erhalten Sie etwa nebenstehendes Bild.

Verändern Sie den Text und speichern Sie die Datei im Ordner „Vorlage" unter dem gleichen Namen „Arbeitsblatt.html" ab.
Rufen Sie anschließend diese Datei „Arbeitsblatt.html" erneut mit Ihrem Browser auf. Von Frontpage aus können Sie hierzu den Eintrag *„Datei/Vorschau im Browser ..."* wählen. Sie sollten im dynamischen Arbeitsblatt nun Ihren modifizierten Text erhalten.

Bemerkung: Frontpage und Word können GEONExT-Konstruktionen (allgemein: Java-Applets) nicht darstellen, stattdessen wird ein Symbol als Platzhalter angezeigt. Dagegen werden etwa im Web-Editor Netscape Composer (ab Version 7.0) auch Java-Applets als solche dargestellt.

Verändern der Konstruktion

Die in das dynamische Arbeitsblatt eingebettete GEONExT-Konstruktion befindet sich in der Datei „Konstruktion.gxt". Öffnen Sie diese Datei mit GEONExT, modifizieren Sie die Konstruktion oder erstellen Sie eine neue Konstruktion. Speichern Sie sie anschließend unter dem gleichen Namen „Konstruktion.gxt" wieder ab. (Achten Sie darauf, dass die Datei nicht schreibgeschützt ist.)
Wenn Sie das dynamische Arbeitsblatt „Arbeitsblatt.html" nun mit Ihrem Browser aufrufen, sollte dieser auf die modifizierte GEONExT-Datei zugreifen.

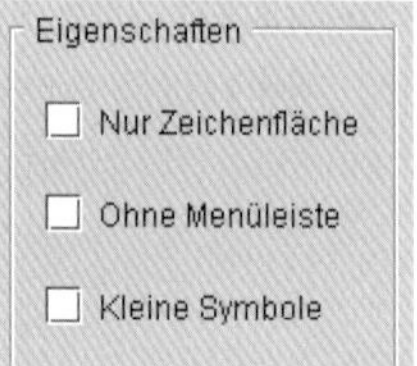

Hinweis: Beim Speichern Ihrer GEONExT-Konstruktion öffnen sich zwei Dialogfelder. Im zweiten können Sie mit den Kontrollkästchen *„Nur Zeichenfläche"* und *„Ohne Menüleiste"* festlegen, ob Sie den Schülern im dynamischen Arbeitsblatt die GEONExT-Werkzeuge zur Verfügung stellen möchten.

- Markieren Sie den Eintrag *„Nur Zeichenfläche"*, so erscheint im dynamischen Arbeitsblatt die Zeichenfläche ohne Menüleiste und ohne Konstruktionswerkzeuge. Dies ist vor allem sinnvoll, wenn die Schüler eine vorgegebene Konstruktion nur mit der Maus dynamisch variieren, sie aber nicht durch eigene Konstruktionsschritte erweitern sollen.
- Mit dem Eintrag *„Ohne Menüleiste"* wird die obere Menüleiste ausgeblendet, die graphischen Symbole der Oberfläche bleiben erhalten.

Analyse des HTML-Quelltextes

HTML steht als Abkürzung für „Hypertext Markup Language" und ist die Sprache, mit der Internetseiten codiert werden. Auch wenn Sie bislang keine HTML-Kenntnisse besitzen, können Sie die Struktur des Quelltextes des dynamischen Arbeitsblatts verstehen. Sie können den Quelltext einer HTML-Seite ansehen, indem Sie die Datei mit einem Editor öffnen (und bei Frontpage die Ansicht HTML wählen) oder indem Sie im Browser den Eintrag *„Ansicht/Quelltext anzeigen"* nutzen. Die ursprüngliche Datei „Arbeitsblatt.html" besitzt folgenden Inhalt:

```
1  <html>
2    <head>
3      <title> Arbeitsblatt </title>
4    </head>
5
6    <body>
7      <h2> Überschrift der Seite </h2>
8
9       Text (1. Absatz)
10      <p>
11      Text (2. Absatz)
12     <p>
13     <center>
14
15     <!-- GEONExT-Konstruktion -->
16     <applet id="xxx" code="geonext.Geonext.class" codebase="./"
          archive="geonext.jar" width="600" height="400" MAYSCRIPT>
17       <param name="scriptable" value="true">
18       <param name="geonext" value="file:Konstruktion.gxt">
19     </applet>
20     <p>
21     </center>
22
23     Text (3. Absatz)
24     <p>
25     Text (4. Absatz)
26
27   </body>
28 </html>
```

In den Zeilen 1–6 befinden sich Formalia des HTML-Codes. Zeile 7 enthält die Überschrift: Jeder Text zwischen den Befehlen <h2> und </h2> wird entsprechend vergrößert dargestellt.
Der Text für die Schüler befindet sich in den Zeilen 9–11 und 23–25. Mit dem Befehl <p> wird jeweils eine Leerzeile am Bildschirm erzeugt. Sie können an diesen Stellen einen eigenen Text für die Schüler in das dynamische Arbeitsblatt einfügen.
Die Zeilen 16–19 beziehen sich auf die GEONExT-Konstruktion. Hier ist vor allem der Eintrag `"file:Konstruktion.gxt"` von Bedeutung. Er gibt an, wo der Browser die einzubettende GEONExT-Konstruktion finden kann: *Im gleichen Ordner* wie die HTML-Datei und unter dem Namen „Konstruktion.gxt". Die Einträge `width="600"` und `height="400"` in Zeile 16 legen die Größe der GEONExT-Konstruktion fest: Sie ist 600 Bildschirmpunkte breit und 400 Punkte hoch.

Diese Einträge lassen sich individuell anpassen. Soll etwa eine GEONExT-Konstruktion der Größe 500 x 300 Bildschirmpunkte, die sich in einer Datei "Test.gxt" befindet, in das dynamische Arbeitsblatt eingefügt werden, so sind die Änderungen `width="500" height="300"` und `"file:Test.gxt"` vorzunehmen.

> Wählen Sie sich ein Thema und gestalten Sie zu diesem ein dynamisches Arbeitsblatt, indem Sie die Vorlage modifizieren.

Zusammenfassung

Sie haben in den letzten beiden Kapiteln vielfältige Möglichkeiten kennen gelernt, wie dynamische Mathematik als Werkzeug im Unterricht eingesetzt werden kann, um den Schülern experimentell-entdeckendes Lernen auf eigenen Wegen zu ermöglichen. Fassen wir die zentralen Stichpunkte nochmals zusammen:

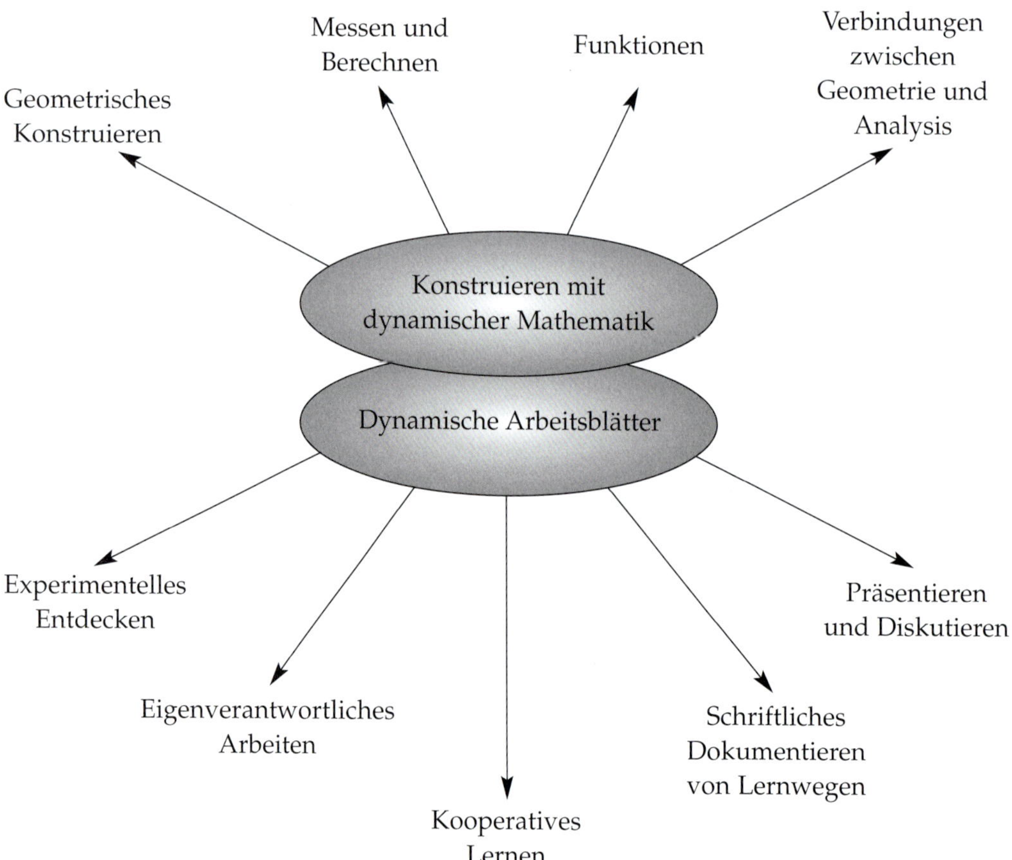

Postskript: Mathematische Grundbildung

Wir haben das Lehren und Lernen im Mathematikunterricht nun von vielen Seiten beleuchtet. Kehren wir ganz an den Anfang dieses Buches zurück. Eingangs haben wir uns gefragt: Wohin möchten wir mit dem Mathematikunterricht? Welche Ziele wollen wir langfristig mit unseren Schülern erreichen? Bei all unseren Anstrengungen sollten wir diese übergeordnete Zielfrage nicht aus den Augen verlieren. Sie kann und sollte handlungsleitend sein.
Wir haben uns in Abschnitt 1.1 zwei Aufgaben aus der Erhebung PISA angesehen und daran erkannt, dass diese PISA-Aufgaben und der gängige Mathematikunterricht nicht recht zusammenpassen. Schauen wir bei der Frage nach dem Wohin doch einmal bei PISA nach, denn dem Leistungstest muss ja eine gewisse Vorstellung von erstrebenswerten Zielen des Mathematikunterrichts zu Grunde liegen.

Fundamental bei PISA ist der Begriff der „mathematischen Grundbildung" – „mathematical literacy", wie es im Original heißt.
Was ist mathematische Grundbildung nach PISA? Sie umfasst mehrere Kompetenzen:
- Über eine tragfähige Basis an Grundwissen und -fertigkeiten verfügen,
- mathematische Konzepte flexibel und mit Einsicht auf kontextbezogene Probleme anwenden (modellieren),
- Sachverhalte nach mathematischen Gesichtspunkten beurteilen,
- mit Hilfe der Mathematik kommunizieren,
- die Rolle der Mathematik in der Welt erkennen.

Diese Ziele mögen ansprechend formuliert erscheinen und vermutlich fällt es Ihnen nicht allzu schwer, dem zuzustimmen, dass unsere Kinder in allgemeinbildenden Schulen derartige Kompetenzen entwickeln sollen. Allerdings stellt sich die Frage: Wie kann ein Mathematikunterricht aussehen, in dem die Schüler ein derart umfassendes Spektrum an mathematischer Grundbildung erlangen können? Antwort: So, wie wir ihn in diesem Buch entworfen und diskutiert haben!

Rekapitulieren wir die obigen fünf Punkte vor dem Hintergrund der in diesem Buch besprochenen Ideen und Konzepte. Wir werden sehen, dass das Ziel der „mathematischen Grundbildung" nicht unerreichbar ist und dass wir uns bereits auf einem Erfolg versprechenden Weg befinden.
- Ohne eine tragfähige Basis an Grundwissen und Grundfertigkeiten ist ein verständnisvoller Umgang mit Mathematik nicht möglich. In den Kapiteln 5 und 6 haben wir vielfältige Wege zum Sichern von Grundwissen und zum Vernetzen von Wissen kennen gelernt.
- Die Mehrzahl der in diesem Buch diskutierten Lernsituationen erfordert es, dass die Schüler mathematische Konzepte flexibel und mit Einsicht auf inner- oder außermathematische Probleme anwenden. Durch das breite Spektrum an kontextbezogenen Aufgaben sollen Variabilität im Denken und mathematisches Grundverständnis erzielt werden.

- Ein allgemeinbildender Mathematikunterricht fordert die Schüler regelmäßig dazu auf, Sachverhalte nach mathematischen Gesichtspunkten zu beurteilen. Wir hatten in Kapitel 3 gesehen, dass hierzu etwa Zeitungsausschnitte oder Diagramme ansprechende Anlässe bieten können.
- Dass die Entwicklung der Kommunikations- und Teamfähigkeit der Kinder ein übergeordnetes Ziel von Schule ist, ist selbstverständlich. Wie dies im Mathematikunterricht systematisch realisiert werden kann, haben wir etwa bei unseren Überlegungen zur Unterrichtsmethodik Kapitel 2 gesehen: Im „Ich, du, wir"-Prinzip wie auch im Grundschema japanischen Mathematikunterrichts stellen die Kommunikation und die Kooperation mit dem Mitschüler sowie die Ergebnispräsentation und die gemeinsame Diskussion im Klassenplenum entscheidende Phasen des Lernprozesses dar.
- Die in Kapitel 3 vorgestellten offenen Aufgaben erfordern es, dass die Schüler Bezüge zwischen ihrem Alltagswissen und dem im Mathematikunterricht Gelernten herstellen. Es geht etwa darum, aus der Erfahrung heraus Abschätzungen zu machen, Annahmen zu treffen, aus dem Alltag bekannte Situationen mathematisch zu modellieren, mit realen Daten zu arbeiten oder zu einem Sachverhalt mathematisch Stellung zu nehmen. Damit soll deutlich werden, dass sich die Schulmathematik und das außerschulische Leben nicht in zwei voneinander getrennten Welten abspielen, sondern dass Mathematik letztendlich *ein* Werkzeug ist, um die Welt zu erschließen und zu verstehen. Auch die in Kapitel 4 dargestellte Projektarbeit ordnet sich in diesen Rahmen ein.

Die Idee der mathematischen Grundbildung kann auch nützlich sein, um Eltern zu erklären, warum Mathematikaufgaben für ihre Kinder anders aussehen, als es die Eltern vielleicht aus ihrer eigenen Schulzeit gewohnt sind. Wenn man Eltern erklärt, dass ihre Kinder im Mathematikunterricht nicht nur Rechenroutinen trainieren und anwenden sollen, sondern dass es Ziel ist, mathematische Grundbildung zu vermitteln – so wie mit obigen fünf Punkten abgegrenzt –, dann wird sich wohl kaum ein Elternteil gegen Veränderungen im Aufgaben- und Anforderungsspektrum wenden. Nach den Erfahrungen aus SINUS treten hier kaum ernsthafte Dissonanzen auf.

Fazit

Mathematische Grundbildung kann als Leitidee des Mathematikunterrichts dienen. Hauptanliegen dieses Buches ist es, Ihnen Wege aufzuzeigen, wie dieses Ziel durch systematische und kontinuierliche Veränderungen in kleinen, alltäglichen Unterrichtssituationen angestrebt werden kann, und Ihnen Mut zu machen, mit Ihren Fachkollegen gemeinsam diese Wege auszuprobieren!

Zur beiliegenden CD

Die CD enthält vier Hauptordner:

- **Ordner „Aufgaben“:** Wenn Sie die eine oder andere Aufgabe dieses Buches in Ihrem Unterricht nutzen möchten, können Sie auf diesen Ordner zurückgreifen. Er enthält alle Aufgaben im Microsoft-Word-Format sowie im PDF-Format.
  Zum Anzeigen von PDF-Dokumenten benötigen Sie das Programm „Adobe Acrobat Reader“. Es ist im Internet unter http://www.adobe.de bzw. auf der Seite http://www.adobe.de/products/acrobat/readstep2.html kostenlos erhältlich.

- **Ordner „Folien“:** Um Ihnen die Vorbereitung schulinterner Fortbildungsveranstaltungen zu den Thematiken dieses Buches zu erleichtern, sind in diesem Ordner Vorlagen für Overheadfolien zusammengestellt. Sie finden hier u. a. alle diskutierten Aufgaben und Unterrichtsmaterialien. Die Daten liegen im MS-Word-Format sowie in PDF-Dateien vor.

- **Ordner „GEONExT Beispiele“:** Dieser Ordner enthält alle in den Kapiteln 7 und 8 vorgestellten Beispiele mit GEONExT (und noch ein paar mehr). Sie sind entsprechend der technischen Einsatzmöglichkeiten von GEONExT gegliedert: GEONExT-Konstruktionen, dynamische Arbeitsblätter und dynamische Lernumgebungen. In diesem Ordner befindet sich auch die in Abschnitt 8.4 erwähnte Anleitung zum Erstellen dynamischer Arbeitsblätter.

- **Ordner „GEONExT Installation“:** Hier finden Sie die Dateien zur Installation von GEONExT (Version 1.71) und der Java Unterstützung für die Betriebssysteme Windows, Linux und Mac OS X. Wenn Sie unter Windows die Datei „GEONExT Windowsinstallation.exe“ aufrufen, wird nach der Installation von GEONExT automatisch geprüft, ob das benötigte Java Runtime Environment auf dem Rechner vorhanden ist, und – falls erforderlich – die Java-Unterstützung mitinstalliert.

Technische Hinweise zu GEONExT und Java

GEONExT-Konstruktionen sind sog. Java-Applets. Damit Sie mit GEONExT arbeiten können, muss auf Ihrem Rechner neben GEONExT auch das Java2 Runtime Environment (JRE), Version 1.4 oder höher, der Firma Sun Microsystems installiert sein. Sie finden die benötigten Daten wie oben erläutert im Ordner „GEONExT Installation“. Damit können Sie mit GEONExT als eigenständigem Programm arbeiten.

Darüber hinaus kann GEONExT in HTML-Seiten integriert werden, so dass dynamische Arbeitsblätter und dynamische Lernumgebungen entstehen (siehe Kapitel 8). Sie werden im jeweiligen Internet-Browser angezeigt. Dazu muss dieser aber Java unterstützen. Dies ist in der Regel automatisch der Fall, wenn Sie GEONExT unter Windows mit der entsprechenden Datei auf der CD installiert (und den Rechner ggf. neu gestartet) haben.

Sollten in den dynamischen Arbeitsblättern die Konstruktionen dennoch nicht angezeigt werden, prüfen Sie, ob der Browser auf das installierte Java Runtime Environment auch zugreift. (Einen entsprechenden Eintrag finden Sie in Ihrem Browser, etwa im Menü „Internetoptionen".)
Beachten Sie zudem, dass sich die Daten dynamischer Arbeitsblätter in keinem (Über-)Ordner befinden, dessen Name einen Umlaut (ä, Ä, ...) enthält. Java hat damit sonst Probleme.

Viele weitere Informationen zu GEONExT und die jeweils aktuelle Version finden Sie auf der GEONExT-Homepage:

http://geonext.de

Die aktuelle Version des Java2 Runtime Environments der Firma Sun Microsystems ist im Internet unter

http://java.sun.com bzw. auf der Seite http://java.sun.com/j2se/downloads.html kostenlos erhältlich. Sie finden diese Links auch auf der GEONExT-Homepage.

Literatur

Affolter, W. u. a.: Das Zahlenbuch, Mathematik im 5. Schuljahr, Begleitband, Klett und Balmer Verlag, Zug 1999.

Akademie für Lehrerfortbildung und Personalführung (Hrsg.): Freies Arbeiten am Gymnasium, Band 2, Materialien mit Anregungen für die Durchführung im Fach Mathematik, Akademiebericht 330, Dillingen 2003.

Anneser, F.: Mathematik mit offenen Aufgaben und Lerntagebüchern, in: Praxis Schule 5–10, Heft 4/02, Westermann Verlag, Braunschweig 2002, S. 35–39.

Baptist, P.: Pythagoras und kein Ende?, Klett Verlag, Stuttgart 1997.

Baptist, P.: Elemente einer neuen Aufgabenkultur, Zentraler BLK-Modellversuchsserver http://blk.mat.uni-bayreuth.de (Materialien zum Mathematikunterricht).

Baptist, P. (Hrsg.): Mathematikunterricht im Wandel, Buchners Verlag, Bamberg 2000 (a).

Baptist, P.: Mathematikunterricht heute – aus didaktischer Sicht, in: Bundesvereinigung der Deutschen Arbeitgeberverbände (Hrsg.): In Mathe mangelhaft, Berlin 2000 (b).

Baptist, P., Miller, C.: GEONExT Worksheet Creator, Dynamische Arbeitsblätter gestalten, Friedrich Verlag, Seelze 2007.

Baptist, P., Ulm, V.: Mathematikunterricht verändern – Verständnis fördern, in: Praxis Schule 5–10, Heft 4/02, Westermann Verlag, Braunschweig 2002, S. 6–9.

Baptist, P., Ulm, V.: Stufen mathematischer Kompetenz nach PISA, in: Spektrum, Heft 2/02, Bayreuth 2002, S. 48–54, sowie: Zentraler BLK-Modellversuchsserver http://blk.mat.uni-bayreuth.de (Materialien zum Mathematikunterricht).

Baptist, P. (Hrsg.): Lernen und Lehren mit dynamischen Arbeitsblättern, Mathematik Klasse 7/8, Buch und CD, Friedrich Verlag, Seelze 2004.

Bayerisches Staatsministerium für Unterricht und Kultus (Hrsg.): Weiterentwicklung des mathematisch-naturwissenschaftlichen Unterrichts, Erfahrungsbericht zum BLK-Programm SINUS in Bayern, München 2002.

Blum, W., Wiegand, B.: Offene Aufgaben – wie und wozu?, in: mathematik lehren, Heft 100, Friedrich Verlag, Seelze 2000.

Deutsches PISA-Konsortium (Hrsg.): PISA 2000, Basiskompetenzen von Schülerinnen und Schülern im internationalen Vergleich, Leske + Budrich, Opladen 2001.

Flade, L., Herget, W.: Mathematik lehren und lernen nach TIMSS, Volk und Wissen Verlag, Berlin 2000.

Frey, K.: Die Projektmethode, Beltz Verlag, Weinheim 2002.

Gallin, P., Ruf, U.: Dialogisches Lernen in Sprache und Mathematik, Band 1 und 2, Kallmeyer, Seelze 1998 (a).

Gallin, P., Ruf, U.: Sprache und Mathematik in der Schule, Kallmeyer, Seelze 1998 (b).

Henn, H.-W. (Hrsg.): Mathematikunterricht im Aufbruch, Schroedel Verlag, Hannover 1999.

Herget, W.: Ein Bild sagt mehr als 1000 Worte ..., Messen, Schätzen, Überlegen – viele Wege, viele Antworten, Zentraler BLK-Modellversuchsserver http://blk.mat.uni-bayreuth.de (Materialien zum Mathematikunterricht).

Herget, W. (Hrsg.): Aufgaben öffnen, mathematik lehren, Heft 100, Friedrich Verlag, Seelze 2000.

Herget, W., Jahnke, T., Kroll, W.: Produktive Aufgaben für den Mathematikunterricht in der Sekundarstufe, Cornelsen Verlag, Berlin 2001.

Herget, W., Scholz, D.: Die etwas andere Aufgabe aus der Zeitung, Kallmeyer, Seelze 1998.

Klippert, H.: Pädagogische Schulentwicklung, Beltz Verlag, Weinheim 2000.

Landesinstitut für Erziehung und Unterricht Stuttgart (Hrsg.): Weiterentwicklung der Unterrichtskultur im Fach Mathematik, Begleitlektüre zur Fortbildung (Gymnasium), Stuttgart 2000.

Landesinstitut für Erziehung und Unterricht Stuttgart (Hrsg.): Weiterentwicklung der Unterrichtskultur im Fach Mathematik, Anregungen für neue Wege im 5. Schuljahr, Stuttgart 2001.

Landesinstitut für Erziehung und Unterricht Stuttgart (Hrsg.): Weiterentwicklung der Unterrichtskultur im Fach Mathematik, Anregungen für neue Wege im 6. Schuljahr, Stuttgart 2002.

Landesinstitut für Lehrerfortbildung, Lehrerweiterbildung und Unterrichtsforschung in Sachsen-Anhalt (Hrsg.): Übung macht den Meister! Erfahrungen und Befunde, Halle 2003 (a).

Landesinstitut für Lehrerfortbildung, Lehrerweiterbildung und Unterrichtsforschung in Sachsen-Anhalt (Hrsg.): Basiswissen Gleichungen, Halle 2003 (b).

Landesinstitut für Lehrerfortbildung, Lehrerweiterbildung und Unterrichtsforschung in Sachsen-Anhalt (Hrsg.): Funktionen, Halle 2003 (c).

Leuders, T.: Raumgeometrie: Ein Unterricht mit Kernideen, in: MU, Der Mathematikunterricht, Heft 1–2/2004, Friedrich Verlag, Seelze.

Miller, C., Ulm, V. (Hrsg.): Experimentieren und Entdecken mit dynamischen Arbeitsblättern, Buch und CD, Friedrich Verlag, Seelze 2006.

Ministerium für Bildung, Frauen und Jugend Rheinland-Pfalz (Hrsg.): Weiterentwicklung der Aufgabenkultur im Mathematikunterricht, Mainz 2002.

Müller, G., Steinbring, H., Wittmann, E. (Hrsg.): Arithmetik als Prozess, Kallmeyer, Seelze 2004.

Niedersächsisches Kultusministerium (Hrsg.): Fachliches Kommunizieren und Kooperieren steigert die Qualität des mathematisch-naturwissenschaftlichen Unterrichts, Hannover 2002.

OECD (Hrsg.): PISA 2000, Beispielaufgaben aus dem Mathematiktest, http://www.mpib-berlin.mpg.de/pisa/beispielaufgaben.html.

Pädagogisches Landesinstitut Brandenburg (Hrsg.): Lernen auf neuen Wegen, Abschlussdokumentation des BLK-Programms SINUS in Brandenburg, Ludwigsfelde 2002.

Peitgen, H.-O., Jürgens, H., Saupe, D.: Fractals for the Classroom, 2 Bände, Springer Verlag, Berlin 1998.

Sächsisches Staatsinstitut für Bildung und Schulentwicklung (Hrsg.): Möglichkeiten zur Effizienzsteigerung für den Mathematikunterricht an Mittelschulen, Radebeul 2002 (a).

Sächsisches Staatsinstitut für Bildung und Schulentwicklung (Hrsg.): Möglichkeiten zur Effizienzsteigerung für den Mathematikunterricht an Gymnasien, Radebeul 2002 (b).

Schupp, H.: Aufgabenvariation im Mathematikunterricht, Saarbrücken 1999, Zentraler BLK-Modellversuchsserver http://blk.mat.uni-bayreuth.de (Materialien zum Mathematikunterricht).

Schupp, H.: Thema mit Variationen, Aufgabenvariation im Mathematikunterricht, Franzbecker Verlag, Hildesheim 2002.

Spiegel, H., Selter, C.: Kinder & Mathematik, Was Erwachsene wissen sollten, Kallmeyer, Seelze 2003.

Spitzer, M.: Lernen, Gehirnforschung und die Schule des Lebens, Spektrum Akademischer Verlag, Heidelberg, Berlin 2003.

Ulm, V.: Wechselspiele zwischen Figur und Zahl mit dynamischer Mathematik entdecken in: MU, Der Mathematikunterricht, Heft 6/2003, Friedrich Verlag, Seelze.

Ulm, V.: Mathematikunterricht mit „EVA", in: Praxis Schule 5–10, Heft 4/02, Westermann Verlag, Braunschweig 2002, S. 12–20.

Ulm, V.: Ich, Du, Wir – ein Lern- und Arbeitsprinzip im Mathematikunterricht, in: Praxis Schule 5–10, Heft 4/02, Westermann Verlag, Braunschweig 2002, S. 30–34.

Ulm, V.: Wege zur Weiterentwicklung von Mathematikunterricht, in: Praxis der Mathematik in der Schule, Heft 4/43, Aulis Verlag, Deubner & Co. KG, Köln Leipzig 2001, S. 161–168.

Ulm, V.: Pädagogische Schulentwicklung im Mathematikunterricht, in: Baptist, P. u. a.: Materialien zum Mathematikunterricht im Rahmen des BLK-Modellversuchs SINUS, Bayreuth 2001, sowie: Zentraler BLK-Modellversuchsserver http://blk.mat.uni-bayreuth.de (Materialien zum Mathematikunterricht).

Universität Kassel FB 17: Materialien zum BLK-Modellversuch SINUS, Vorschläge und Anregungen zu einer veränderten Aufgabenkultur, CD, Kassel 2003.

Vollrath, H.-J.: Themenstränge, Themenkreise und Themenkomplexe im Mathematikunterricht, Zentraler BLK-Modellversuchsserver http://blk.mat.uni-bayreuth.de (Materialien zum Mathematikunterricht).

Winter, H.: Entdeckendes Lernen im Mathematikunterricht, Vieweg Verlag, Braunschweig 1989.

Wurz, L.: Unterrichtspraktische Überlegungen zu einer geometrischen Figur, in: Mathematik in der Schule 36, 1998.

Zeitler, H., Neidhardt, W.: Fraktale und Chaos, Eine Einführung, Wissenschaftliche Buchgesellschaft, Darmstadt 1994.

WWW-Adressen

Zentraler Server des BLK-Programms „SINUS-Transfer": http://sinus-transfer.de

Zentraler Server des BLK-Modellversuchs „Steigerung der Effizienz des mathematisch-naturwissenschaftlichen Unterrichts" (SINUS): http://blk.mat.uni-bayreuth.de

Lehrstuhl für Mathematik und ihre Didaktik an der Universität Bayreuth: http://did.mat.uni-bayreuth.de

Leibniz-Institut für Pädagogik der Naturwissenschaften (IPN), Kiel: http://www.ipn.uni-kiel.de

Staatsinstitut für Schulqualität und Bildungsforschung (ISB), München: http://www.isb.bayern.de

Zentrum zur Förderung des mathematisch-naturwissenschaftlichen Unterrichts (Z-MNU) der Universität Bayreuth: http://z-mnu.uni-bayreuth.de

Dynamische Mathematik: http://geonext.de